# GERÇEK İTALYAN EV YAPIMI PIZZA YEMEK KITABI

İTALYAN PIZZA SANATINDA USTALAŞMANIN
EN IYI 100 TARIFI VE SIRLARI

MELEK ACAR

## Her hakkı saklıdır.

### Sorumluluk reddi beyanı

Bu e-Kitapta yer alan bilgilerin, bu e-Kitabın yazarının araştırma yaptığı kapsamlı bir strateji koleksiyonu olarak hizmet etmesi amaçlanmıştır. Özetler, stratejiler, ipuçları ve püf noktaları yalnızca yazarın tavsiyesidir ve bu e-Kitabı okumak, sonuçların yazarın sonuçlarını tam olarak yansıtacağını garanti etmez. E-Kitabın yazarı, e-Kitap okuyucularına güncel ve doğru bilgi sağlamak için tüm makul çabayı göstermiştir. Bulunabilecek kasıtsız hata veya eksikliklerden yazar ve ortakları sorumlu tutulamaz. E-Kitaptaki materyal üçüncü tarafların bilgilerini içerebilir. Üçüncü taraf materyalleri, sahiplerinin ifade ettiği görüşlerden oluşur. Bu nedenle, e-Kitabın yazarı herhangi bir üçüncü taraf materyali veya görüşüne ilişkin sorumluluk veya yükümlülük kabul etmez.

E-Kitabın telif hakkı © 2023'e aittir ve tüm hakları saklıdır. Bu e-Kitabın tamamını veya bir kısmını yeniden dağıtmak, kopyalamak veya türev çalışmalar oluşturmak yasa dışıdır. Bu raporun hiçbir bölümü, yazarın açık ve imzalı yazılı izni olmaksızın, hiçbir şekilde çoğaltılamaz veya yeniden aktarılamaz veya herhangi bir biçimde yeniden aktarılamaz.

# İÇİNDEKİLER

İÇİNDEKİLER ................................................................................ 3
GİRİİŞ ........................................................................................... 6
   PIZZA NEDIR? .................................................. ERROR! BOOKMARK NOT DEFINED.
   PIZZALARI SINIFLANDIRMA ............................. ERROR! BOOKMARK NOT DEFINED.

## PİZZA TARİFLERİ ........................................................................ 8

1. BARBEKÜ TAVUKLU PIZZA .................................................... 9
2. ETLI VE MANTARLI PIZZA .................................................... 12
3. BROKOLI VE PEYNIR SOSLU PIZZA ...................................... 16
4. BROKOLI VE DOMATES SOSLU PIZZA ................................. 19
5. BUFFALO TAVUKLU PIZZA ................................................... 22
6. PAZI VE MAVI PEYNIRLI PIZZA ............................................ 25
7. CHORIZO VE KIRMIZI BIBERLI PIZZA .................................. 28
8. DELICATA KABAK VE PAZI PIZZA ........................................ 31
9. ÖRDEK KONFIT PIZZA ......................................................... 34
10. KÖFTE PIZZA ..................................................................... 37
11. MEKSIKA KARIDESLI PIZZA ............................................... 41
12. NACHO PIZZA .................................................................... 44
13. BEZELYE VE HAVUÇLU PIZZA ........................................... 47
14. PHILLY PEYNIRLI BIFTEK PIZZA ......................................... 50
15. POLINEZYA PIZZASI .......................................................... 53
16. TENCEREDE TURTA PIZZA ................................................ 56
17. PATATES, SOĞAN VE CHUTNEY PIZZA .............................. 60
18. PROSCIUTTO VE ROKA PIZZA .......................................... 63
19. BOL KAŞARLI PIZZA .......................................................... 66
20. KAVRULMUŞ KÖK PIZZA ................................................... 69
21. SOSIS VE ELMALI PIZZA .................................................... 73
22. ŞITAKE PIZZA .................................................................... 76
23. ISPANAKLI VE RICOTTA PIZZA .......................................... 79
24. ROKA SALATASI PIZZASI ................................................... 82
25. AVOKADO VE HER ŞEY PIZZA ........................................... 84
26. BARBEKÜ TAVUK PIZZA .................................................... 86
27. BARBEKÜ ÇILEKLI PIZZA ................................................... 88
28. BROKOLI DERIN YEMEK PIZZA ......................................... 90
29. BUFFALO TAVUKLU PIZZA TURTALARI ............................. 94
30. KALIFORNIYA PIZZASI ....................................................... 96
31. KARAMELIZE SOĞANLI PIZZA .......................................... 99
32. PEYNIRLI CALZONE ......................................................... 101
33. VIŞNELI BADEMLI PIZZA ................................................. 103
34. CHICAGO USULÜ PIZZA .................................................. 105
35. DERIN YEMEKLI PIZZA .................................................... 108

| # | | |
|---|---|---|
| 36. | HOLLANDALI FIRIN PIZZASI | 111 |
| 37. | YUMURTA SALATASI PIZZA KÜLAHLARI | 113 |
| 38. | İNCIR, TALEGGIO VE RADICCHIO PIZZASI | 115 |
| 39. | DONDURULMUŞ FISTIK EZMESI PIZZA PASTASI | 118 |
| 40. | IZGARA SÜPER PIZZA | 120 |
| 41. | IZGARA PIZZA | 122 |
| 42. | SOPRESSATALI IZGARA BEYAZ PIZZA | 125 |
| 43. | IZGARA SEBZELI PIZZA | 128 |
| 44. | MOZZARELLA, ROKA VE LIMONLU PIZZA | 130 |
| 45. | MEKSIKA PIZZASI | 133 |
| 46. | MINI PIZZA SIMITLERI | 136 |
| 47. | MUFFULETTA PIZZA | 138 |
| 48. | PAN PIZZA | 140 |
| 49. | BIBERLI PIZZA BIBER | 144 |
| 50. | FESLEĞENLI PIZZA | 146 |
| 51. | PHILLY PEYNIRLI BIFTEK PIZZA | 148 |
| 52. | YEŞIL ZEYTINLI PIDE PIZZA | 150 |
| 53. | PIZZA BURGER | 153 |
| 54. | ÖĞLE YEMEĞI KUTUSU PIZZA | 155 |
| 55. | SOĞUTULMUŞ MEYVELI İKRAM | 157 |
| 56. | DUMANLI PIZZA | 159 |
| 59. | ESNAF PIZZA | 164 |
| 60. | PEPPERONI PIZZA DIP | 166 |
| 61. | TON BALIKLI PIZZA | 168 |
| 62. | PIZZA AROMALI TAVUK | 170 |
| 63. | KAHVALTI PIZZASI | 172 |
| 64. | BAHÇE TAZE PIZZA | 175 |
| 65. | PIZZA KABUKLARI | 177 |
| 66. | SICAK İTALYAN TAVADA PIZZA | 179 |
| 67. | NEW ORLEANS USULÜ PIZZA | 181 |
| 68. | PERŞEMBE GECESI PIZZASI | 184 |
| 69. | KARIŞIK SEBZELI PIZZA | 187 |
| 70. | HAMBURGER PIZZASI | 189 |
| 71. | KREMALI PIZZA | 191 |
| 72. | ROMA FONTINA PIZZA | 193 |
| 73. | BAHARATLI ISPANAKLI TAVUKLU PIZZA | 195 |
| 74. | PASKALYA IÇIN PIZZA | 199 |
| 75. | SÜPER KASE PIZZA | 202 |
| 76. | GÖZLEME PIZZASI | 205 |
| 77. | SABAH ERKEN PIZZA | 208 |
| 78. | ARKA YOL PIZZASI | 210 |
| 79. | ÇOCUKLARA UYGUN PIZZALAR | 212 |
| 80. | PENSILVANYA USULÜ PIZZA | 214 |

| 81. | Ayran Pizzası | 216 |
|---|---|---|
| 82. | Worcestershire Pizzası | 218 |
| 83. | Barbekü Dana Pizza | 220 |
| 84. | Pizza Rigatoni | 222 |
| 85. | Meksika Usulü Pizza | 224 |
| 86. | Akdeniz Pizza | 227 |
| 87. | Tüm Biber ve Soğanlı Pizza | 229 |
| 88. | Pizzayı seviyorum | 231 |
| 89. | Patates Tofu Pizza | 233 |
| 90. | Yunan Pizza | 236 |
| 91. | Pizza Salatası | 239 |
| 92. | Tatlı Pizza | 242 |
| 93. | Piknik Mini Pizzaları | 244 |
| 94. | Tropikal Cevizli Pizza | 246 |
| 95. | Kızılcık Tavuklu Pizza | 248 |
| 96. | Tatlı ve Tuzlu Pizza | 250 |
| 97. | Sonbahar Dijon Pizza | 253 |
| 98. | Gorgonzola Tereyağlı Pizza | 255 |
| 99. | Roka Üzümlü Pizza | 257 |
| 100. | Fransız Usulü Pizza | 259 |

**ÇÖZÜM** ............................................................................ **261**

## GİRİİŞ

Hiç kendi mutfağınızın rahatlığında nefis pizzalar hazırlamayı hayal ettiniz mi? Birinci sınıf GERÇEK İTALYAN EV YAPIMI PİZZA YEMEK KİTABI, evinizi mini bir İtalyan Pizzacısına dönüştürerek hayallerinizi gerçeğe dönüştürüyor.

Yeni başlayanlar için bir pizza yemek kitabı olan kitabımız, sizi kısa sürede profesyonel yapacak basit, adım adım talimatlar sunuyor! Ellerinizi kirletip pizza kokusunun evinizin her köşesine sinmesinin zamanı geldi!

İtalya'ya mutfak yolculuğuna çıkın, mutfağınızdan hiç çıkmadan! Pizza tarifi kitabımız, geleneği yenilikle harmanlayarak çeşitli lezzetleri titizlikle seçiyor. Her tarif, kökenine dair bir hikayeyle birlikte gelir; bu da onu bir yemek kitabından çok daha fazlası haline getirir; İtalyan mutfağının kalbine giden bir pasaporttur!

İtalya'nın rustik mutfaklarından ilham alan pizza tarifi kitabımız, yeni başlayanlar için karmaşık süreçleri basit, uygulanabilir adımlara ayırıyor. Kapsamlı bir içerik kılavuzu ve pişirme ipuçlarıyla İtalya'yı evinize getiriyoruz.

Bu ev yapımı pizza yemek kitabında pizza hamuru sanatında ustalaşacak ve çok sayıda lezzetli malzemeyi keşfedeceksiniz. Bölgesel İtalyan favorileri hakkında bilgi edinin ve cesur yeni kombinasyonları deneyin.

Klasiklerden yenilikçilere kadar yeni başlayanlara yönelik pizza yemek kitabımız, acemileri ev yapımı pizzacılara dönüştürmeyi amaçlıyor. O halde kollarınızı sıvayın, fırını yakın ve damak tadınızın asla unutamayacağı bir İtalyan macerasına hazır olun! Peki neden bekleyelim? GERÇEK İTALYAN EV YAPIMI PİZZA YEMEK KİTABI ile İtalya'yı evinize getirin. Afiyet olsun!

## Kabuk Kalınlığı

Pizzanın ince, orta ve kalın kabuklu versiyonları vardır. Hamur miktarı kabuk kalınlığını etkileyen temel faktördür. Ancak artış miktarı da rol oynuyor. Az kabarmış veya aşırı kabarmış ya da pişirmeden önce düzleştirilmiş hamur, yuvarlamadan sonra ve pişirmeden önce optimum seviyeye yükselmesine (veya kabarmasına) izin verilen hamurdan daha ince bir kabuk üretme eğilimindedir.

## Şekil

Pizzalar ayrıca şekillerine göre (yuvarlak ve dikdörtgen) sınıflandırılır. Dikdörtgen bir tepside yapılan pizzaya bazen "İtalyan fırın pizzası" adı verilir - ortaya çıktığı yer. Ancak yuvarlak pizzacılardaki en yaygın şekildir, bunun nedeni muhtemelen yapımı en kolay olanıdır.

Sevgililer Günü'nün daimi favorisi olan kalp şeklinde pizza gibi özel şekiller de vardır.

## Toplantı

Pizzalar aynı zamanda monte edildikleri platforma göre de sınıflandırılıyor. Temel olarak üç tane vardır: tava, elek ve soyma (veya kürek) - sırasıyla tava pizza, elek pizza ve ocakta pişmiş pizza olarak bilinir. Pan pizzaya aynı zamanda derin tabak pizza ve tavada pizza da denir. Daha kalın kabuklu pizzalar genellikle tavada hazırlanırken, daha ince hamurlu pizzalar genellikle bir elek veya kabuk üzerinde birleştirilir. Kabuklu olarak yapıldığında pizza doğrudan ocakta veya fırının güvertesinde pişirilir. Ocakta pişirilen pizzanın bir varyasyonu, pizzanın yanmaz silikonla işlenmiş kağıt üzerinde yapılmasını ve pişirilmesini içerir.

# PİZZA TARİFLERİ

# 1. Barbekü Tavuklu Pizza

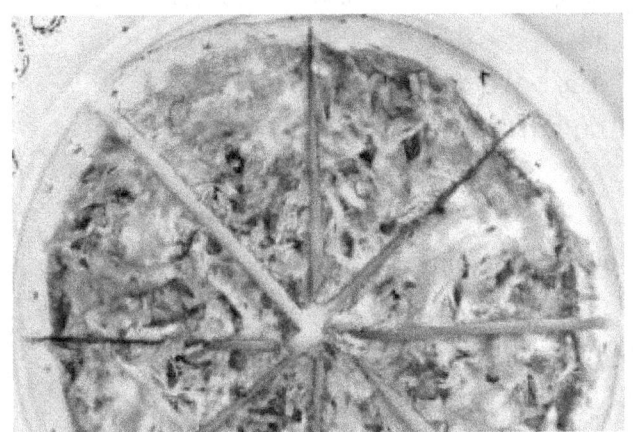

## Bileşen

- Pizza kabuğu için çok amaçlı un veya yapışmaz sprey
- 1 ev yapımı hamur
- 6 yemek kaşığı barbekü sosu (tercih ettiğiniz çeşidi kullanın, sıcaktan hafife)
- 4 ons (1 / pound) füme provolon veya füme İsviçre, kıyılmış
- 1 su bardağı doğranmış, pişmiş tavuk eti
- 1/2 küçük kırmızı soğan, doğranmış (yaklaşık 1/2 bardak)
- çay kaşığı kıyılmış kekik yaprağı veya 1/2 çay kaşığı kurutulmuş kekik
- ons Parmigiana, ince rendelenmiş
- 1/2 çay kaşığı kırmızı biber gevreği, isteğe bağlı

## Talimatlar:

a) Pizza taşında taze hamur. Öncelikle pizza kabuğunu hafifçe unla tozlayın. Hamuru ekleyin ve önce parmak uçlarınızla çukurlaştırarak, ardından kenarından tutarak ellerinizle yaklaşık 14 inç çapında bir daire şeklinde şekillendirerek büyük bir daire oluşturun. Hamurun unlanmış tarafı alta gelecek şekilde kabuğun üzerine yerleştirin.

b) Pizza tepsisinde taze hamur. Yapışmaz spreyle yağlayın ve hamuru tepsinin veya fırın tepsisinin ortasındaki bir tümseğe yerleştirin. Hamuru parmak uçlarınızla çukurlaştırın, ardından tepsi üzerinde yaklaşık 14 inç çapında bir daire veya fırın tepsisinde yaklaşık 13 × 7 inç düzensiz bir dikdörtgen oluşturana kadar hamuru çekin ve bastırın.

c) Pişmiş bir kabuk. Pizza taşı kullanıyorsanız pizza kabuğunun üzerine yerleştirin veya pişmiş kabuğu doğrudan pizza tepsisine yerleştirin.

d) Barbekü sosunu hazırlanan hamurun üzerine eşit bir şekilde yaymak için lastik bir spatula kullanın ve kenarda 1/2 inçlik bir kenar bırakın. Üzerine rendelenmiş füme peynir serpin.

e) Tavuk parçalarını peynirin üzerine yerleştirin, ardından üzerine doğranmış soğan ve kekik serpin.

f) Kullanıyorsanız üzerine rendelenmiş Parmigiana ve kırmızı pul biberi ekleyin. Pastayı kabuğundan çok sıcak taşa kaydırın veya pizza tepsisini pastayla birlikte doğrudan fırına veya ızgara ızgarasının doğrudan ısı kaynağının üzerinde olmayan kısmına yerleştirin.

g) Kabuk altın rengi olana ve peynir eriyene ve hatta hafifçe kahverengileşmeye başlayana kadar, 16 ila 18 dakika kadar, kapağı kapalı olarak pişirin veya ızgara yapın. Kabuğu taştan çıkarmak için kabuğun altına kaydırın veya pizza tepsisini veya un tabakasını turtayla birlikte tel rafa aktarın. Dilimleyip servis yapmadan önce pastayı 5 dakika soğumaya bırakın.

## 2. Etli ve Mantarlı Pizza

## Bileşen

- Pizza kabuğunun tozunu almak için çok amaçlı un veya pizza tepsisini yağlamak için yapışmaz sprey
- 1 ev yapımı hamur
- 1 yemek kaşığı tuzsuz tereyağı
- 1 küçük sarı soğan, doğranmış (yaklaşık 1/2 bardak)
- 5 ons cremini veya beyaz düğme mantarı, ince dilimlenmiş (yaklaşık 11/2 bardak)
- 8 ons (1/2 pound) yağsız kıyma
- 2 yemek kaşığı kuru şeri, kuru vermut veya kuru beyaz şarap
- 1 yemek kaşığı kıyılmış maydanoz yaprağı
- 2 çay kaşığı Worcestershire sosu
- 1 çay kaşığı saplı kekik yaprağı
- 1 çay kaşığı kıyılmış adaçayı yaprağı
- 1/2 çay kaşığı tuz
- 1/2 çay kaşığı taze çekilmiş karabiber
- 2 yemek kaşığı şişelenmiş biftek sosu
- 6 ons Cheddar, rendelenmiş

**Talimatlar**

a) Pizza taşında taze hamur. Pizza kabuğunu unla tozlayın ve hamurun ortasına yerleştirin. Hamuru parmak uçlarınızla çukurlaştırarak büyük bir daire şekline getirin.

b) Pizza taşında taze hamur. Pizza kabuğunu unla tozlayın. Hamuru üzerine yerleştirin ve parmak uçlarınızı kullanarak hamuru büyük bir daire şeklinde çukurlaştırın. Hamuru kenarından alın ve çapı yaklaşık 14 inç olana kadar elinizde çevirin. Şekil verdiğiniz hamurun unlanmış kısmı alta gelecek şekilde kabuğun üzerine yerleştirin.

c) Pizza tepsisinde taze hamur. Yapışmaz sprey ile yağlayın. Hamuru tepsiye veya fırın tepsisine yerleştirin, parmak uçlarınızla çukurlaştırın; ardından tepside 14 inçlik bir daire veya fırın tepsisinde 12 × 7 inçlik düzensiz bir dikdörtgen oluşturana kadar çekin ve bastırın.

d) Pişmiş bir kabuk. Pizza taşı kullanıyorsanız pizza kabuğunun üzerine yerleştirin veya pişmiş kabuğu doğrudan pizza tepsisine yerleştirin.

e) Orta ateşte ayarlanmış büyük bir tavada tereyağını eritin. Soğanı ekleyin, sık sık karıştırarak yumuşayana kadar yaklaşık 2 dakika pişirin.

f) Mantarları ekleyin, ara sıra karıştırarak yumuşayana, sıvılarını bırakana ve buharlaşıp sır haline gelinceye kadar yaklaşık 5 dakika pişirmeye devam edin.

g) Kıymayı parçalayarak ara sıra karıştırarak iyice kızarana ve tamamen pişene kadar yaklaşık 4 dakika pişirin.

h) Şeri veya onun yerine maydanoz, Worcestershire sosu, kekik, adaçayı, tuz ve karabiberi karıştırın. Tava tekrar kuruyana kadar sürekli karıştırarak pişirmeye devam edin. Isıyı bir kenara koyun.

i) Biftek sosunu kabuğun üzerine eşit şekilde yayın ve kenarda 1/2 inçlik bir kenar bırakın. Kenarını temiz tutarak rendelenmiş Cheddar'ı ekleyin.

j) Kıyma karışımını kaşıkla peynirin üzerine eşit şekilde dağıtın. Daha sonra pizzayı kabuğundan sıcak taşa kaydırın veya pastayı pizza tepsisine veya unlu tepsiye, fırında veya ızgara ızgarasının ısıtılmamış kısmının üzerine yerleştirin.

k) Peynir köpürmeye başlayana ve kabuğun kenarı kahverengi ve dokunulduğunda biraz sertleşene kadar, 16 ila 18 dakika kadar, kapağı kapalı olarak pişirin veya ızgara yapın. Taze hamurun özellikle kenarlarında ve özellikle pişirmenin ilk 10 dakikasında oluşan hava kabarcıklarını patlattığınızdan emin olun. Kabuğu yerinden çıkarmamaya dikkat ederek kabuğu tekrar kabuğun altına kaydırın ve ardından 5 dakika bekletin veya dilimleyip servis etmeden önce pizzayı aynı süre boyunca pizza tepsisindeki tel rafın üzerine yerleştirin. Üst malzemeler özellikle ağır olduğu için dilimlemeden önce pizzayı kabuğundan, tepsisinden veya fırın tepsisinden kolayca çıkarmak mümkün olmayabilir. Yapışmaz tepsi veya fırın tepsisi kullanıyorsanız, yapışmaz yüzeyin çizilmesini önlemek için pastanın tamamını dikkatlice bir kesme tahtasına aktarın.

## 3. Brokoli ve Peynir Soslu Pizza

## Bileşen

- Pizza kabuğunun tozunu almak için çok amaçlı un veya pizza tepsisini yağlamak için yapışmaz sprey
- 1 ev yapımı hamur
- 2 yemek kaşığı tuzsuz tereyağı
- 2 yemek kaşığı çok amaçlı un
- 11/4 bardak normal, az yağlı veya yağsız süt
- 6 ons Cheddar, rendelenmiş
- 1 çay kaşığı Dijon hardalı
- 1 çay kaşığı saplı kekik yaprağı veya 1/2 çay kaşığı kurutulmuş kekik
- 1/2 çay kaşığı tuz
- Birkaç çizgi acı kırmızı biber sosu
- 3 bardak taze brokoli çiçeği, buharda pişirilmiş veya dondurulmuş brokoli çiçeği, çözülmüş (
- 2 ons Parmigiana veya Grana Padano, ince rendelenmiş

## Talimatlar:

a) Pizza taşında taze hamur. Pizza kabuğunu unla tozlayın. Hamuru kabuğun ortasına yerleştirin ve parmak uçlarınızla çukurlaştırarak hamura geniş bir daire şekli verin. Hamuru alın ve kenarını tutarak hafifçe çekerek, kabuk yaklaşık 14 inç çapında bir daire oluncaya kadar döndürün. Unlu kısmı alta gelecek şekilde kabuğun üzerine koyun.

b) Pizza tepsisinde taze hamur. Yapışmaz sprey ile birini veya diğerini yağlayın. Hamuru tepsiye ya da fırın tepsisine dizin, parmak uçlarınızla düz bir daire şekline gelinceye kadar çukurlaştırın. Orta ateşte ayarlanmış büyük bir tencerede tereyağını eritin. Unu pürüzsüz hale gelinceye kadar çırpın ve elde edilen karışım, yaklaşık 1 dakika kadar çok açık sarı bir renk elde edene kadar çırpın.

c) Isıyı orta-düşük seviyeye indirin ve sütü çırpın, yavaş ve sabit bir akışla tereyağı ve un karışımına dökün. Erimiş dondurma gibi kalınlaşana kadar, belki biraz daha inceltilene kadar, yaklaşık 3 dakika veya kaynamanın ilk işaretine kadar, ateşte çırpmaya devam edin. Tavayı ocaktan alın ve rendelenmiş kaşar peyniri, hardal, kekik, tuz ve acı kırmızı biber sosunu (tadına göre) çırpın. Ara sıra çırparak 10 ila 15 dakika soğutun.

d) Pişmiş bir kabukla çalışıyorsanız bu adımı atlayın. Taze hamur kullanıyorsanız, şekillendirilmiş ancak henüz üzeri kaplanmamış kabuğu kabuktan sıcak taşa kaydırın veya kabuğunu tepsisine veya fırın tepsisine fırında veya ızgara ızgarasının ısıtılmamış kısmının üzerine yerleştirin. Kabuk açık kahverengi olana kadar kapağı kapalı olarak pişirin veya ızgara yapın, yüzeyinde veya kenarında oluşan hava kabarcıklarını yaklaşık 12 dakika patlatmaya dikkat edin. Kabuğu taştan çıkarmak için kabuğun altına kaydırın veya pizza tepsisini kabukla birlikte tel rafa aktarın.

e) Kalın peynir sosunu kabuğun üzerine yayın ve kenarda 1/2 inçlik bir kenar bırakın. Brokoli çiçeklerini sosun üzerine eşit şekilde sıralayarak ekleyin. Rendelenmiş Parmigiana serpin.

## 4. Brokoli ve Domates Soslu Pizza

### Bileşen
- Pizza kabuğunun tozunu almak için sarı mısır unu veya pizza tepsisini yağlamak için zeytinyağı
- 1 ev yapımı hamur
- 1 büyük kavanoz biber veya közlenmiş kırmızı biber
- 1/2 çay kaşığı kırmızı biber gevreği
- 1/2 su bardağı Klasik Pizza Sosu
- 3 ons mozarella, kıyılmış
- 3 ons provolon, Muenster veya Havarti, kıyılmış
- 2 su bardağı dondurulmuş brokoli çiçeği veya taze çiçeği, buharda pişirilmiş
- 1 ons Parmigiana veya Grana Padano, ince rendelenmiş

### Talimatlar
a) Pizza taşında taze hamur. Pizza kabuğunu unla tozlayın ve hamurun ortasına yerleştirin. Hamuru parmak uçlarınızla çukurlaştırarak büyük bir daire şekline getirin.

b) Pizza taşında taze hamur. Pizza kabuğunu mısır unu ile tozlayın. Hamuru topak halinde kabuğun üzerine yerleştirin ve ardından parmak uçlarınızla büyük bir daire haline gelinceye kadar çukurlaştırın. Hamuru alın, iki elinizle kenarından tutun ve yaklaşık 14 inç çapında bir daire oluşana kadar hafifçe gererek döndürün. Kabuğun üzerine mısır unu tarafı aşağı bakacak şekilde yerleştirin. Spelted Pizza Hamuru kullandıysanız bu teknikle şekillendirilemeyecek kadar kırılgan olabilir.

c) Pizza tepsisinde taze hamur. Tepsiyi veya fırın tepsisini zeytinyağıyla yağlayın. Hamuru her ikisinin üzerine koyun ve parmak uçlarınızla çukurlaştırın; ardından hamuru tepsi üzerinde 14 inçlik bir daire veya fırın tepsisinde 13 inç uzunluğunda ve 7 inç genişliğinde düzensiz bir dikdörtgen oluşturana kadar çekin ve bastırın. Pişmiş bir kabuk. Pizza taşı kullanıyorsanız unlanmış pizza kabuğunun üzerine yerleştirin veya pişmiş kabuğu doğrudan pizza tepsisine yerleştirin.

d) Pimiento'yu kırmızı pul biberle birlikte mini bir mutfak robotunda pürüzsüz hale gelinceye kadar püre haline getirin. Alternatif olarak, bunları havanda havan tokmağı ile pürüzsüz bir macun kıvamına gelinceye kadar öğütün. Bir kenara koyun. Pizza sosunu hazırlanan kabuğun üzerine eşit şekilde yayın ve kenarda 1/2 inçlik bir kenar bırakın. Kenarları sağlam tutarak her iki rendelenmiş peyniri de üstüne koyun.

e) Brokoli çiçeklerini turtanın etrafına serpin, yine kenarlığı sağlam bırakın. Her bir parça için yaklaşık 1 çay kaşığı kullanarak biber püresini en üste noktalayın. Üstüne ince rendelenmiş Parmigiana'yı ekleyin. Pizzayı kabuğundan sıcak taşın üzerine dikkatlice kaydırın veya bir pizza tepsisi veya fırın tepsisi kullandıysanız, pastasıyla birlikte fırına veya ızgara ızgarasının ısıtılmamış kısmının üzerine yerleştirin.

f) Peynir eriyene, kırmızı sos kalınlaşana ve kabuk altın kahverengi ve dokunulduğunda sertleşene kadar, kapağı kapalı olarak 16 ila 18 dakika pişirin veya ızgara yapın.

g) Kabuğu çok sıcak taştan çıkarmak için pizzanın altına geri kaydırın veya pizzayı tepsisine veya fırın tepsisine tel rafa aktarın. Kabuğun gevrek kalmasını istiyorsanız, turtayı yaklaşık 1 dakika soğuduktan sonra kabuğundan, tepsiden veya fırın tepsisinden çıkarın ve pizzayı doğrudan tel ızgaranın üzerine yerleştirin. Her durumda dilimlemeden önce toplam 5 dakika soğutun.

## 5. Buffalo tavuklu Pizza

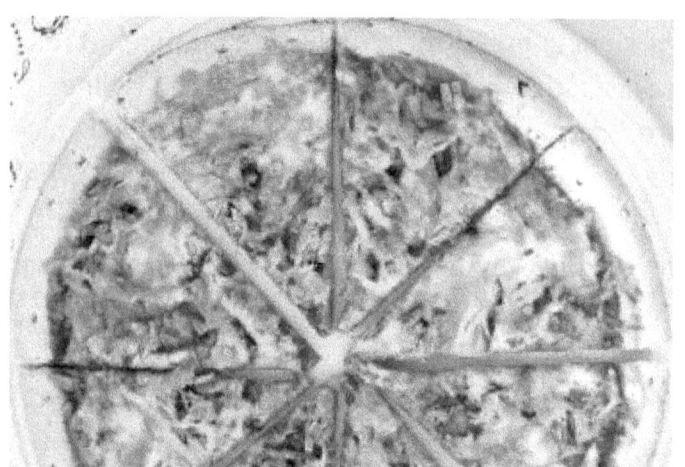

## Bileşen

- Pizza kabuğunu tozlamak için sarı mısır unu veya pizza tepsisini yağlamak için tuzsuz tereyağı
- 1 ev yapımı hamur
- 1 yemek kaşığı tuzsuz tereyağı
- 10 ons kemiksiz derisiz tavuk göğsü, ince dilimlenmiş
- 1 yemek kaşığı acı kırmızı biber sosu, tercihen Tabasco
- 1 yemek kaşığı Worcestershire sosu
- 6 yemek kaşığı Heinz gibi şişelenmiş şili sosu
- 3 ons mozarella, kıyılmış
- 3 ons Monterey Jack, kıyılmış
- 3 orta boy kereviz kaburgası, ince dilimlenmiş
- Gorgonzola, Danimarka mavisi veya Rokfor gibi 2 ons mavi peynir

## Talimatlar

a) Pizza taşında taze hamur. Pizza kabuğunu unla tozlayın ve hamurun ortasına yerleştirin. Hamuru parmak uçlarınızla çukurlaştırarak büyük bir daire şekline getirin.

b) Pizza taşında taze hamur. Pizza kabuğunu mısır unu ile tozlayın. Hamuru kabuğun ortasına yerleştirin ve parmak uçlarınızla çukurlaştırarak hamura geniş bir daire şekli verin. Hamuru alın ve kenarını tutarak elinizle şekillendirin, yaklaşık 14 inç çapında bir daire oluşana kadar hamuru yavaşça çevirin. Kabuğun üzerine mısır unu tarafı aşağı bakacak şekilde yerleştirin.

c) Fırın tepsisine taze hamur. Kağıt havluya biraz tuzsuz tereyağı sürün, ardından bunu pizza tepsisinin etrafına sürerek iyice yağlayın. Hamuru tepsiye ya da fırın tepsisine dizin, parmak uçlarınızla düz bir daire şekline gelinceye kadar çukurlaştırın. Daha sonra tepside 14 inçlik bir daire veya fırın tepsisinde 12 × 7 inçlik düzensiz bir dikdörtgen oluşana kadar çekin ve bastırın.

Pişmiş bir kabuk. Pizza taşı kullanıyorsanız mısır unu serpilmiş pizza kabuğunun üzerine yerleştirin veya pişmiş kabuğu tereyağlı bir pizza tepsisine veya büyük bir fırın tepsisine yerleştirin.

d) Tereyağını büyük bir tavada veya orta ateşte ayarlanmış wok'ta eritin. Dilimlenmiş tavuğu ekleyin, sık sık karıştırarak, iyice pişene kadar yaklaşık 5 dakika pişirin. Tavayı veya wok'u ocaktan alın ve sıcak kırmızı biber sosunu ve Worcestershire sosunu ilave ederek karıştırın. Kenarda 1/2 inçlik bir kenar bırakmaya dikkat ederek, şili sosunu kabuğun üzerine yayın. Kaplamalı dilimlenmiş tavuğu sosun üzerine koyun.

e) Kabuğun kenarını koruyarak üzerine rendelenmiş mozzarella ve Monterey Jack'i ekleyin. Dilimlenmiş kerevizi pastanın üzerine eşit şekilde serpin. Son olarak, mavi peyniri küçük damlalar halinde eşit şekilde ufalayın ve diğer sosların her yerine sürün.

## 6. Pazı ve Mavi Peynirli Pizza

## Bileşen

- Kabuğu soymak için sarı mısır unu veya pizza tepsisi veya fırın tepsisi için yapışmaz sprey
- 1 ev yapımı hamur,
- 2 yemek kaşığı tuzsuz tereyağı
- 3 diş sarımsak, kıyılmış
- 4 bardak sıkıca paketlenmiş, parçalanmış, sapları alınmış İsviçre pazı yaprağı
- 6 ons mozarella, kıyılmış
- 1/3 bardak ufalanmış Gorgonzola, Danimarka mavisi veya Rokfor
- 1/2 çay kaşığı rendelenmiş hindistan cevizi
- İsteğe bağlı olarak 1/2 çay kaşığı kadar kırmızı biber gevreği

## Talimatlar

a) Pizza taşında taze hamur. Pizza kabuğunu unla tozlayın ve hamurun ortasına yerleştirin. Hamuru parmak uçlarınızla çukurlaştırarak büyük bir daire şekline getirin.

b) Pizza taşı üzerinde taze pizza hamuru. Pizza kabuğunu mısır unu ile tozlayın, ardından hamuru ortasına yerleştirin. Parmak uçlarınızla çukurlaştırarak geniş bir daire şekli verin. Onu alın ve kenarını tutarak elinizle şekillendirin, hamuru yaklaşık 14 inç çapa gelinceye kadar yavaşça çevirin. Unlu kısmı alta gelecek şekilde kabuğun üzerine koyun.

c) Pizza tepsisinde taze hamur. İkisinden birini yapışmaz spreyle yağlayın. Hamuru tepsiye veya fırın tepsisine yerleştirin ve parmak uçlarınızla çukurlaştırın; ardından tepside 14 inçlik bir daire veya fırın tepsisinde 12 × 7 inçlik düzensiz bir dikdörtgen oluşana kadar çekin ve bastırın.

d) Pişmiş bir kabuk. Pizza taşı kullanıyorsanız pizza kabuğunun üzerine yerleştirin veya pişmiş kabuğu doğrudan pizza tepsisine yerleştirin.

e) Tereyağını büyük bir tavada orta ateşte ısıtın. Sarımsakları ekleyip 1 dakika pişirin.

f) Yeşillikleri ekleyin ve maşa veya iki çatalla sık sık karıştırarak yumuşayana ve solgunlaşana kadar yaklaşık 4 dakika pişirin. Bir kenara koyun.

g) Kıyılmış mozarellayı hamurun üzerine serpin ve kenarda 1/2 inçlik bir kenarlık bırakın.

h) Tavadaki yeşillik karışımını üstüne ekleyin, ardından mavi peyniri pizzanın üzerine serpin. Üzerine hindistan cevizini rendeleyin ve istenirse üzerine kırmızı pul biber serpin.

i) Pizzayı kabuğundan sıcak taşa kaydırın veya pastayı tepsisine veya unlu tepsiye, fırına veya ızgaranın ısıtılmamış bölümüne yerleştirin. Peynir eriyene ve köpürene ve kabuk dokunulabilecek kadar sertleşene kadar, kapağı kapalı olarak 16 ila 18 dakika pişirin veya ızgara yapın. Kabuğu sıcak taştan çıkarmak için pastanın altına kaydırın, sonra bir kenara koyun veya pastayı tepsisine veya fırın tepsisine tel rafa aktarın. Dilimlemeden önce 5 dakika soğutun.

## 7. Chorizo ve Kırmızı Biberli Pizza

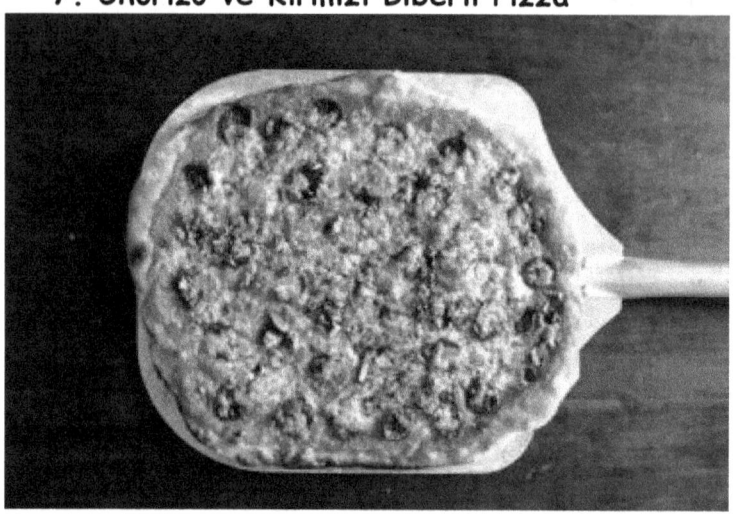

## Bileşen
- Kabuğun tozunu almak için çok amaçlı un veya pizza tepsisini yağlamak için yapışmaz sprey
- 1 ev yapımı hamur,
- 1 orta boy kırmızı dolmalık biber
- yağda paketlenmiş güneşte kurutulmuş domatesler
- 1 diş sarımsak, dörde bölünmüş
- ons mozzarella veya Monterey Jack, kıyılmış
- 4 ons (1 / pound) yemeye hazır İspanyol Chorizo, ince dilimlenmiş
- 1/2 su bardağı dilimlenmiş çekirdekleri çıkarılmış yeşil zeytin
- 3 ons Manchego veya Parmigiana, ince şeritler halinde traşlanmış

## Talimatlar
a) Pizza taşında taze hamur. Pizza kabuğunu unla tozlayın ve hamurun ortasına yerleştirin. Hamuru parmak uçlarınızla çukurlaştırarak büyük bir daire şekline getirin.

b) Pizza taşında taze hamur. Pizza kabuğunun üzerine un serperek başlayın, ardından hamuru ortasına yerleştirin. Hamuru çukurlaştırmak için parmak uçlarınızı kullanın, düzleştirilmiş bir daire haline gelinceye kadar biraz dağıtın. Onu alın ve kenarını tutarak ve çapı yaklaşık 14 inç olana kadar yavaşça çevirerek şekillendirin. Unlu kısmı alta gelecek şekilde kabuğun üzerine koyun.

c) Fırın tepsisine taze hamur. Yapışmaz sprey ile pizza tepsisini yağlayın. Hamuru tepsiye veya fırın tepsisine yerleştirin, düzleştirilmiş bir daire haline gelinceye kadar parmak uçlarınızla çukurlaştırın; ardından tepside 14 inçlik bir daire veya fırın tepsisinde 12 × 17 inçlik düzensiz bir dikdörtgen oluşana kadar çekin ve bastırın. Pişmiş bir kabuk. Pizza taşı kullanıyorsanız unlanmış pizza kabuğunun üzerine yerleştirin veya pişmiş kabuğu doğrudan pizza tepsisine yerleştirin.

d) Biberleri küçük, dudaklı bir fırın tepsisine yerleştirin ve önceden ısıtılmış bir piliçten 4 ila 6 inç kadar, etrafı kararana kadar, ara sıra yaklaşık 4 dakika kadar kızartın. Her iki durumda da, karartılmış biberi küçük bir kaseye koyun ve plastik ambalajla veya kağıt torbayla sıkıca kapatın. 10 dakika bekletin.

e) Biberlerin dış kararmış kısımlarını soyun. Her küçük siyah parçayı çıkarmaya gerek yok. Biberleri büyük parçalara ayırmadan önce saplarını, çekirdeklerini ve tohumlarını çıkarın. Bu parçaları mutfak robotuna yerleştirin. Güneşte kurutulmuş domatesleri ve sarımsak işlemini oldukça pürüzsüz bir macun elde edinceye kadar ekleyin, gerekirse lastik bir spatula ile kenarlarını kazıyın. Biber karışımını kabuğun üzerine yayın ve kenarda 1/2 inçlik bir kenar bırakın. Biber karışımını rendelenmiş peynirle doldurun ve ardından chorizo dilimlerini pizzanın üzerine yerleştirin.

f) Zeytinleri turtanın üzerine serpin ve ardından traşlanmış Manchego şeritlerini sosların üzerine koyun.

## 8. Delicata Kabak ve Pazı Pizza

## Bileşen

- Pizza kabuğu için çok amaçlı un veya pizza tepsisi için zeytinyağı
- 1 ev yapımı hamur
- 1 yemek kaşığı tuzsuz tereyağı
- küçük sarı soğan, doğranmış (yaklaşık 1/2 bardak)
- fincan çekirdeği çıkarılmış ve doğranmış delicata kabağı (2 veya 3 orta boy kabak)
- 4 su bardağı doğranmış, sapları alınmış İsviçre pazı yaprağı
- 1/4 bardak sek beyaz şarap veya kuru vermut
- yemek kaşığı akçaağaç şurubu
- 1 çay kaşığı kıyılmış adaçayı yaprağı
- 1/2 çay kaşığı öğütülmüş tarçın
- 1/2 çay kaşığı tuz
- 1/2 çay kaşığı taze çekilmiş karabiber
- 8 ons Fontina, kıyılmış

## Talimatlar

a) Pizza taşında taze hamur. Pizza kabuğunu unla tozlayın ve hamurun ortasına yerleştirin. Hamuru parmak uçlarınızla çukurlaştırarak büyük bir daire şekline getirin.

b) Pizza taşında taze hamur. Pizza kabuğunu hafifçe unla tozlayın. Hamuru ekleyip parmak uçlarınızla çukurlaştırarak geniş bir daire şekli verin. Her iki elinizle kenarından tutun ve yavaşça döndürün, yerçekiminin daireyi uzatmasına izin verirken siz de bunu kenarından çapı yaklaşık 14 inç olana kadar yapın. Şekil verdiğiniz hamurun unlanmış kısmı alta gelecek şekilde kabuğun üzerine yerleştirin.

c) Pizza tepsisinde taze hamur. Tepsiyi veya fırın tepsisini biraz zeytinyağıyla hafifçe yağlayın. Hamuru ortaya yerleştirin ve kalın bir daire şeklinde düzleştirmek için parmak uçlarınızla çukurlaştırın; ardından tepside 14 inçlik bir daire veya fırın tepsisinde 12 × 7 inçlik düzensiz bir dikdörtgen oluşana kadar çekin ve bastırın. .

d) Pişmiş bir kabuk. Pizza taşı kullanıyorsanız unlanmış pizza kabuğunun üzerine yerleştirin veya pişmiş kabuğu bir pizza tepsisine yerleştirin. Tereyağını orta ateşte büyük bir tavada eritin, ardından soğanı ekleyin ve sık sık karıştırarak yarı saydam olana kadar yaklaşık 3 dakika pişirin. Doğranmış kabakları karıştırın ve ara sıra karıştırarak 4 dakika pişirin. Kıyılmış pazı ekleyin ve şarap veya vermutun içine dökün. Kısmen solana kadar sürekli karıştırın, ardından akçaağaç şurubu, adaçayı, tarçın, tuz ve karabiberi ekleyin.

e) İyice karıştırın, örtün, ısıyı en aza indirin ve ara sıra karıştırarak pazı ve kabak yumuşayana ve sıvı buharlaşıp sır haline gelinceye kadar yaklaşık 8 dakika pişirin. Kıyılmış Fontina'yı kabuğun üzerine eşit bir şekilde yayın ve kenarında 1/2 inçlik bir kenarlık bırakın.

f) Kabak ve pazıyı peynirin üzerine eşit şekilde kaşıkla dökün. Kabuğu kabuğun üzerinden alıp ısıtılmış taşın üzerine kaydırın veya pastayı tepsisine veya fırın tepsisine fırında veya ızgaranın ısıtılmamış kısmının üzerine yerleştirin. Peynir köpürene ve kabuk altın rengi kahverengiye dönene kadar, kapağı kapalı olarak 16 ila 18 dakika pişirin veya ızgara yapın.

g) Kabuğu taştan çıkarmak için kabuğun altına geri kaydırın ve 5 dakika soğumaya bırakın veya pastayı tepsisine veya fırın tepsisine aktarıp 5 dakika soğuması için tel rafa aktarın.

## 9. Ördek Konfit Pizza

## Bileşen

- Pizza kabuğu için çok amaçlı un veya pizza tepsisi için yapışmaz sprey
- 1 ev yapımı hamur
- 4 ons (1/4 pound) Gruyère, kıyılmış
- 1/3 bardak konserve beyaz fasulye, süzülmüş ve durulanmış
- 1 baş kavrulmuş sarımsak
- 2 yemek kaşığı kıyılmış adaçayı yaprağı veya 1 yemek kaşığı kurutulmuş adaçayı
- 2 çay kaşığı saplı kekik yaprağı veya 1 çay kaşığı kurutulmuş kekik
- 1/2 çay kaşığı tuz
- 1/2 çay kaşığı taze çekilmiş karabiber
- 4 ons ördek konfit bacakları, kemiği alınmış ve etleri parçalanmış
- 2 ons füme, yemeye hazır kielbasa, ince dilimlenmiş
- 1 1/2 ons Parmigiana, ince rendelenmiş

## Talimatlar

a) Pizza taşında taze hamur. Pizza kabuğunu unla tozlayın ve hamurun ortasına yerleştirin. Hamuru parmak uçlarınızla çukurlaştırarak büyük bir daire şekline getirin.

b) Pizza taşında taze hamur. Pizza kabuğuna un serptikten sonra hamuru ortasına yerleştirin ve parmak uçlarınızla hamuru çukurlaştırın ve düz, dalgalı bir daire haline gelinceye kadar uzatın. Kenarından tutun ve ellerinizde yavaşça döndürün, bunu yaparken kenarını yaklaşık 14 inç çapında bir daire haline gelinceye kadar uzatın. Hamurun unlanmış tarafı alta gelecek şekilde kabuğun üzerine yerleştirin.

c) Pizza tepsisinde taze hamur. Yapışmaz sprey ile yağlayın ve hamuru ortasına yerleştirin. Hamuru parmak uçlarınızla çukurlaştırın; ardından hamuru tepsi üzerinde 14 inçlik bir daire veya fırın tepsisinde yaklaşık 12 inç uzunluğunda ve 7 inç genişliğinde düzensiz bir dikdörtgen oluşturana kadar çekin ve bastırın. Pişmiş bir kabuk. Pizza taşı kullanıyorsanız unlanmış pizza kabuğunun üzerine yerleştirin veya pişmiş kabuğu yağlanmış bir pizza tepsisine yerleştirin.

d) Kıyılmış Gruyère'i kenarda 1/2 inçlik bir kenarlık bırakarak kabuğun üzerine yayın. Peyniri fasulyeyle doldurun, ardından sarımsak hamurunu pizzanın üzerine sıkın. Satın aldığınız kavrulmuş sarımsak kullanıyorsanız, karanfilleri dörde bölün, böylece turtanın üzerine serpebilirsiniz. Adaçayı, kekik, tuz ve karabiber serpin.

e) Kıyılmış ördek konfit etini ve kielbasa turtalarını turtanın üzerine yerleştirin, ardından rendelenmiş Parmigiana'yı ekleyin. Pastayı kabuğundan ısıtılmış taşın üzerine kaydırın veya pastayı pizza tepsisine, fırına veya ızgara ızgarasının ısıtılmamış kısmına yerleştirin.

f) Kabuk hafifçe kızarana ve dokunulduğunda biraz sertleşene kadar, kapak kapalıyken, 16 ila 18 dakika pişirin veya ızgara yapın. Taze hamurun kenarlarında hava kabarcıkları oluşursa çatalla delin.

## 10. Köfte Pizza

## Bileşen

- Pizza kabuğu için çok amaçlı un veya pizza tepsisi için zeytinyağı
- 1 ev yapımı hamur
- 8 ons (1/2 pound) yağsız kıyma
- 1/4 su bardağı kıyılmış maydanoz yaprağı
- 2 yemek kaşığı sade kurutulmuş ekmek kırıntısı
- 1/2 ons Asiago, Grana Padano veya Pecorino, ince rendelenmiş
- 2 çay kaşığı kıyılmış kekik yaprağı veya 1 çay kaşığı kurutulmuş kekik
- 1/2 çay kaşığı rezene tohumu
- 1/4 çay kaşığı tuz
- 1/4 çay kaşığı taze çekilmiş karabiber 5 diş sarımsak, kıyılmış
- 1 yemek kaşığı zeytinyağı
- 1 küçük sarı soğan, doğranmış (yaklaşık 1/2 bardak)
- 14 ons ezilmiş domates olabilir
- 1 çay kaşığı saplı kekik yaprağı
- 1/4 çay kaşığı rendelenmiş veya öğütülmüş hindistan cevizi ve 1/4 çay kaşığı öğütülmüş karanfil
- 1/4 çay kaşığı kırmızı biber gevreği
- 6 ons mozarella, kıyılmış
- 2 ons Parmigiana, ince şeritler halinde traşlanmış

## Talimatlar

a) Pizza taşında taze hamur. Pizza kabuğunu unla tozlayın, hamuru ortasına yerleştirin ve parmak uçlarınızla çukurlaştırarak hamura büyük bir daire şekli verin. Onu alın ve kenarını tutarak ve döndürerek şekillendirin, bu arada çapı yaklaşık 14 inç olana kadar hafifçe gerin. Unlu kısmı alta gelecek şekilde kabuğun üzerine koyun.

b) Pizza tepsisinde taze hamur. Kağıt havluya biraz zeytinyağı sürün ve tepsiyi yağlayın. Hamuru ortasına yerleştirin ve düzleştirilmiş bir daire haline gelinceye kadar parmak uçlarınızla çukurlaştırın; ardından tepside 14 inçlik bir daire veya fırın tepsisinde 12 × 7 inçlik düzensiz bir dikdörtgen oluşana kadar çekin ve bastırın.

c) Pizza taşı kullanıyorsanız unlanmış pizza kabuğunun üzerine yerleştirin veya pişmiş kabuğu yağlanmış bir pizza tepsisine yerleştirin.

d) Kıyma, maydanoz, galeta unu, rendelenmiş peynir, kekik, rezene tohumu, 1/2 çay kaşığı tuz, 1/2 çay kaşığı biber ve 1 diş kıyılmış sarımsağı geniş bir kapta iyice birleşene kadar karıştırın. Her biri için yaklaşık 2 yemek kaşığı karışım kullanarak 10 köfte oluşturun.

e) Zeytinyağını büyük bir tencerede orta ateşte ısıtın. Soğanı ekleyin ve kalan 4 diş kıyılmış sarımsağı sık sık karıştırarak yumuşayana kadar yaklaşık 3 dakika pişirin.

f) Ezilmiş domatesleri, kekiği, hindistan cevizini, karanfilleri, pul biberi, kalan 1/4 çay kaşığı tuzu ve kalan 1/4 çay kaşığı biberi karıştırın. Köfteleri ekleyip kaynamaya bırakın.

g) Isıyı en aza indirin ve sos kalınlaşıncaya ve köfteler tamamen pişene kadar yaklaşık 20 dakika boyunca kapağı açık olarak pişirin. Oda sıcaklığında 20 dakika soğutun.

h) Kıyılmış mozarellayı hazırlanan kabuğun üzerine, kenarda 1/2 inçlik bir kenarlık bırakarak yayın. Köfteleri domates sosundan çıkarın ve bir kenara koyun. Kenarlarını sağlam tutmaya dikkat ederek domates sosunu peynirin üzerine kaşıkla yayın.

i) Her köfteyi ikiye bölün ve yarımları kesilmiş tarafı aşağı bakacak şekilde turtanın her yerine yerleştirin. Üzerine doğranmış dolmalık biberi ve ardından rendelenmiş Parmigiana'yı ekleyin. Pizzayı kabuğundan sıcak taşa kaydırın veya pizzayı tepsisine veya fırın tepsisine, fırında veya ızgara ızgarasının ısıtılmamış kısmının üzerine yerleştirin.

j) Sos köpürene ve kabuk altın kahverengiye dönene kadar, 16 ila 18 dakika kadar, kapağı kapalı olarak pişirin veya ızgara yapın. Kabuğu sıcak taştan çıkarmak için kabuğun altına kaydırın veya tepsideki pastayı tel rafa aktarın. Dilimlemeden önce 5 dakika soğutun.

## 11. Meksika Karidesli Pizza

## Bileşen

- Pizza kabuğunu tozlamak için çok amaçlı un veya pizza tepsisini yağlamak için yapışmaz sprey
- 1 ev yapımı hamur,
- 6 ons orta boy karides (pound başına yaklaşık 30), soyulmuş ve ayrılmış
- 8 ons (1/2 pound) kiraz domates, kıyılmış
- 1 orta boy arpacık soğanı, kıyılmış
- 11/2 yemek kaşığı kıyılmış kişniş yaprağı
- 1 yemek kaşığı sızma zeytinyağı
- 1 çay kaşığı kırmızı şarap sirkesi
- 1/4 çay kaşığı tuz
- 6 ons Cheddar, rendelenmiş
- 1 orta boy kavanoz turşusu jalapeño, çekirdeği çıkarılmış ve kıyılmış
- 1 çay kaşığı kimyon tohumu, ezilmiş

## Talimatlar

a) Pizza taşında taze hamur. Pizza kabuğunu unla tozlayın, hamuru ortasına yerleştirin ve parmak uçlarınızla çukurlaştırarak hamuru büyük, düzleştirilmiş bir daire haline getirin. Onu alın ve kenarını tutarak ve yavaşça döndürerek ve hamuru yaklaşık 14 inç çapında olana kadar gererek şekillendirin. Unlu kısmı alta gelecek şekilde kabuğun üzerine koyun.

b) Pizza tepsisinde taze hamur. Yapışmaz spreyle yağlayın, ardından hamuru ortasına yerleştirin. Hamuru parmak uçlarınızla çukurlaştırın; ardından hamuru tepside yaklaşık 14 inç çapında bir daire veya fırın tepsisinde 12 × 7 inçlik düzensiz bir dikdörtgen oluşturana kadar çekin ve bastırın. Pişmiş bir kabuk. Pizza taşı kullanıyorsanız pizza kabuğunun üzerine yerleştirin veya pişmiş kabuğu doğrudan pizza tepsisine yerleştirin.

c) Orta boy bir tencereye sebze buharlayıcıyı yerleştirin. Tavaya bir inç su ekleyin (ama su buharlayıcıya kadar çıkmayacak şekilde) ve suyu yüksek ateşte kaynatın. Karidesleri ekleyin, üzerini kapatın, ısıyı en aza indirin ve pembeleşip sertleşinceye kadar yaklaşık 3 dakika buharda pişirin. Pişmelerini durdurmak için çıkarın ve soğuk su altında yenileyin. Lokma büyüklüğünde parçalar halinde doğrayın. Kiraz domatesleri, arpacık soğanını, kişnişi, zeytinyağını, sirkeyi ve tuzu küçük bir kasede karıştırın. Bu karışımı hazırlanan kabuğun üzerine yayın ve kenarda 1/2 inçlik bir kenar bırakın.

d) Üstüne rendelenmiş Çedar peyniri ekleyin, ardından doğranmış karides, kıyılmış jalapeño ve ezilmiş kimyon tohumlarını üzerine serpin. Pizzayı kabuğundan sıcak taşa kaydırın veya pastayı tepsisine veya fırın tepsisine, fırına veya ızgara ızgarasının doğrudan ısı kaynağının veya kömürlerin üzerinde olmayan bölümüne yerleştirin. Kabuk altın rengi oluncaya ve peynir eriyene kadar, kapağı kapalı olarak 16 ila 18 dakika pişirin veya ızgara yapın. Ev yapımı veya mağazadan alınmış taze hamurla çalışıyorsanız, yüzeyinde oluşabilecek hava kabarcıklarını delebilmek için ara sıra kontrol edin. Pizza bittiğinde, kabuğu taştan çıkarmak için kabuğun altına kaydırın veya pastayı tepsisine veya fırın tepsisine tel rafa aktarın. Dilimleyip servis yapmadan önce 5 dakika soğutun.

## 12. nacho Pizza

## Bileşen

- Pizza kabuğunun tozunu almak için sarı mısır unu veya pizza tepsisini yağlamak için yapışmaz sprey
- 1 ev yapımı hamur
- 11/4 bardak konserve, kızartılmış fasulye
- 6 ons Monterey Jack, kıyılmış
- 3 orta boy erik domates, doğranmış
- 1/2 çay kaşığı öğütülmüş kimyon
- çay kaşığı kıyılmış kekik yaprağı veya 1/2 çay kaşığı kurutulmuş kekik
- 1/2 çay kaşığı tuz
- 1/2 çay kaşığı taze çekilmiş karabiber
- 1/3 bardak salsa
- 1/2 bardak normal veya az yağlı ekşi krema
- Tadına göre kavanozlanmış jalapeño dilimleri

## Talimatlar

a) Pizza taşında taze hamur. Pizza kabuğunu mısır unu ile tozlayın, hamurun ortasına yerleştirin ve parmak uçlarınızla çukurlaştırarak hamura büyük bir daire şekli verin. Onu alın ve kenarlarından ellerinizle şekillendirin, hamuru yaklaşık 14 inç çapa gelinceye kadar yavaşça çevirin. Kabuğun üzerine mısır unu tarafı aşağı bakacak şekilde yerleştirin.

b) Pizza tepsisinde taze hamur. Tepsiyi veya fırın tepsisini yapışmaz spreyle yağlayın. Hamuru ortaya yerleştirin ve büyük, düzleştirilmiş bir daire haline gelinceye kadar parmak uçlarınızla çukurlaştırın; ardından tepside 14 inçlik bir daire veya tepside yaklaşık 12 × 7 inçlik düzensiz bir dikdörtgen oluşturana kadar çekin ve bastırın. fırın tepsisi.

c) Pişmiş bir kabuk. Pizza taşı kullanıyorsanız pizza kabuğunun üzerine yerleştirin veya pişmiş kabuğu doğrudan pizza tepsisine yerleştirin. Yeniden kızartılmış fasulyeleri kabuğun üzerine yaymak için kauçuk bir spatula kullanın, eşit şekilde kaplayın ancak kenarda 1/2 inçlik bir kenar bırakın. Fasulyeleri rendelenmiş Monterey Jack ile doldurun.

d) Doğranmış domatesleri, kimyonu, kekiği, tuzu ve karabiberi geniş bir kapta karıştırın, ardından peynirin üzerine eşit şekilde dağıtın. Salsayı küçük kaşıklar halinde kabuğun üzerine damlatın. Pizzayı kabuğundan ısıtılmış taşa kaydırın veya pastayı tepsisine veya fırın tepsisine fırına veya ızgara ızgarasının üzerine dolaylı ısıyla yerleştirin. Peynir köpürene ve fasulyeler sıcak olana kadar kapağı kapalı olarak pişirin veya ızgara yapın,

e) Kabuğu tekrar kabuğun altına kaydırın ve bir kenara koyun veya pastayı tepsiye veya fırın tepsisine tel rafa aktarın. 5 dakika soğutun. Daha gevrek bir kabuk için, pizzayı bir veya iki dakika sonra kabuğundan, tepsiden veya fırın tepsisinden çıkarın ve doğrudan tel ızgara üzerinde soğumasını bekleyin.

f) Dilimleyip servis etmeden önce pastanın üzerine biraz ekşi krema ve istediğiniz kadar jalapeño dilimi ekleyin.

13. Bezelye ve Havuçlu Pizza

## Bileşen

- Pizza kabuğu için çok amaçlı un veya pizza tepsisi için yapışmaz sprey
- 1 ev yapımı hamur
- 2 yemek kaşığı tuzsuz tereyağı
- 11/2 yemek kaşığı çok amaçlı un
- 1/2 bardak tam yağlı, az yağlı veya yağsız süt
- 1/2 bardak ağır, çırpılmış veya hafif krema 3 ons
- 2 çay kaşığı saplı kekik yaprağı veya 1 çay kaşığı kurutulmuş kekik
- 1/2 çay kaşığı rendelenmiş hindistan cevizi
- bir fincan taze kabuklu bezelye veya dondurulmuş bezelye, çözülmüş
- bir bardak doğranmış havuç (dondurulmuş kullanıyorsanız, daha sonra çözülmüş)
- 3 diş sarımsak, kıyılmış
- 1 ons Parmigiana, ince rendelenmiş

## Talimatlar

a) Pizza taşında taze hamur. Pizza kabuğunu unla tozlayın, hamurun ortasına yerleştirin ve parmak uçlarınızla hamuru düzleştirilmiş, büyük bir daire şeklinde çukurlaştırın. Onu alın ve kenarını tutarak, yavaşça döndürerek ve dairenin çapı yaklaşık 14 inç olana kadar hamuru hafifçe gererek şekillendirin. Hamurun unlanmış tarafı alta gelecek şekilde kabuğun üzerine yerleştirin.

b) Pizza tepsisinde taze hamur. Hamuru yapışmaz spreyle yağlayın, ikisinin de ortasına yerleştirin. Hamuru düzleştirilmiş, ezilmiş bir daire haline gelinceye kadar parmak uçlarınızla çukurlaştırın; ardından tepside 14 inçlik bir daire veya fırın tepsisinde 12 × 7 inçlik düzensiz bir dikdörtgen oluşturana kadar çekin ve bastırın. Pişmiş bir kabuk. Pizza taşı kullanıyorsanız unlanmış pizza kabuğunun üzerine yerleştirin veya pişmiş kabuğu doğrudan pizza tepsisine yerleştirin. Orta ateşte ayarlanmış büyük bir tavada tereyağını eritin. Unu çırpın ve pürüzsüz ve çok açık bej olana kadar çırpmaya devam edin. Sütü yavaş ve sabit bir akışla çırpın, ardından kremayı çırpın. Oldukça ince erimiş dondurma gibi kalınlaşana kadar ateşte çırpmaya devam edin. Rendelenmiş peyniri, kekiği ve hindistan cevizini pürüzsüz hale gelinceye kadar karıştırın. 10 dakika oda sıcaklığında soğutun.

c) Bu arada, üstü açık kabuğu kabuktan ısıtılmış taşa kaydırın veya kabuğunu fırında veya ızgara ızgarasının ısıtılmamış kısmının üzerine tepsisine yerleştirin. Kabuğun kenarları sertleşmeye ve kahverengileşmeye başlayana kadar, yaklaşık 10 dakika, kapağı kapalı olarak pişirin veya ızgara yapın. Taze hamur kullanıyorsanız, pişerken yüzeyinde veya kenarlarında oluşabilecek hava kabarcıklarını patlatmanız gerekir. Kabuğu kısmen pişmiş kabuğun altına geri kaydırın ve fırından veya ızgaradan çıkarın veya kabuğu tepsiye veya fırın tepsisine bir tel rafa aktarın.

d) Kalınlaştırılmış süt bazlı sosu, kenarda 1/2 inçlik bir kenarlık bırakarak kabuğun üzerine yayın. Sosu bezelye ve havuçla doldurun, ardından sarımsağı pastanın üzerine eşit şekilde serpin. Son olarak rendelenmiş Parmigiana'yı sosların üzerine serpin.

## 14.     Philly Peynirli Biftek Pizza

## Bileşen
- Pizza kabuğu için çok amaçlı un veya pizza tepsisi için yapışmaz sprey
- 1 ev yapımı hamur,
- 1 yemek kaşığı tuzsuz tereyağı
- 1 küçük sarı soğan, sapı yarıya bölünmüş ve ince dilimlenmiş
- 1 küçük yeşil dolmalık biber, çekirdekleri çıkarılmış ve çok ince dilimlenmiş
- 2 yemek kaşığı Worcestershire sosu
- Birkaç çizgi acı kırmızı biber sosu
- 6 yemek kaşığı Klasik Pizza Sosu
- 8 ons (1/2 pound) mozzarella, kıyılmış
- 6 ons şarküteri rosto, kağıt inceliğinde traşlanmış ve şeritler halinde kesilmiş
- 3 ons provolon, kıyılmış

## Talimatlar
a) Pizza taşında taze hamur. Pizza kabuğunu hafifçe unla tozlayın. Hamuru ekleyip parmak uçlarınızla çukurlaştırarak geniş bir daire şekli verin. Kenarından tutun ve yavaşça çevirerek ve çapı yaklaşık 14 inç olana kadar hafifçe gererek şekillendirin. Unlu kısmı alta gelecek şekilde kabuğun üzerine koyun.
b) Pizza tepsisinde taze hamur. Tepsiyi veya fırın tepsisini yapışmaz spreyle yağlayın. Hamuru ortasına yerleştirin ve parmak uçlarınızla ezilmiş bir daire haline gelinceye kadar çukurlaştırın; ardından hamuru tepside yaklaşık 14 inç çapında bir daire veya tepside yaklaşık 12 × 7 inç düzensiz bir dikdörtgen oluşturana kadar çekin ve bastırın. fırın tepsisi.
c) Pişmiş bir kabuk. Pizza taşı kullanıyorsanız unlanmış pizza kabuğunun üzerine yerleştirin veya pişmiş kabuğu bir

pizza tepsisine yerleştirin. Orta ateşte ayarlanmış büyük bir tavada tereyağını eritin. Soğanı ve dolmalık biberi ekleyin, sık sık karıştırarak yumuşayana kadar yaklaşık 5 dakika pişirin. Worcestershire sosunu ve acı kırmızı biber sosunu (tatmak için) karıştırın. Tavadaki sıvı sır haline gelinceye kadar yaklaşık 2 dakika daha pişirmeye devam edin. Oda sıcaklığında 5 dakika soğutun. Pizza sosunu hazırlanan kabuğun üzerine yaymak için lastik bir spatula kullanın ve kenarda 1/2 inçlik bir kenar bırakın. Üzerine rendelenmiş mozzarella peyniri serpin.

d) Rosto dana şeritlerini pastanın üzerine eşit şekilde yerleştirin, ardından kaşıkla sebze karışımını dana etinin üzerine yayın. Üstüne rendelenmiş provolonu ekleyin.

e) Pizzayı kabuğundan sıcak taşa kaydırın veya pizzayı tepsisine veya fırın tepsisine fırına veya ızgara ızgarasının ısı kaynağının tam üzerinde olmayan kısmına yerleştirin.

f) Kabuk altın rengi oluncaya, alt tarafı eşit şekilde kızarana ve peynir eriyene ve hatta çok açık kahverengiye dönmeye başlayana kadar, yaklaşık 18 dakika, kapağı kapalı olarak pişirin veya ızgara yapın.

g) Bir veya iki kez taze hamuru, ister ev yapımı ister mağazadan alınmış olsun, yüzeyinde, özellikle kenarlarında oluşabilecek hava kabarcıklarını delmek için kontrol edin.

## 15. Polinezya Pizzası

## Bileşen

- Pizza kabuğunu tozlamak için çok amaçlı un veya pizza tepsisini yağlamak için yapışmaz sprey
- 1 ev yapımı hamur
- 3 yemek kaşığı tatlı kalın soya sosu
- 6 ons mozarella, kıyılmış
- 3 ons Kanada pastırması, doğranmış
- 1 su bardağı taze ananas parçaları
- 1/2 bardak ince dilimlenmiş yeşil soğan
- yemek kaşığı susam

## Talimatlar

a) Pizza taşında taze hamur. Pizza kabuğunu unla tozlayın, hamurun ortasına yerleştirin ve parmak uçlarınızla çukurlaştırarak hamuru büyük, düzleştirilmiş bir daire haline getirin. Kenarından kaldırın ve çapı yaklaşık 14 inç olana kadar döndürerek uzatın. Şekil verdiğiniz hamurun unlanmış kısmı alta gelecek şekilde kabuğun üzerine yerleştirin.

b) Pizza tepsisinde taze hamur. Tepsiyi veya fırın tepsisini yapışmaz spreyle yağlayın. Hamuru her ikisinin de ortasına yerleştirin ve parmak uçlarınızla çukurlaştırın; ardından tepside 14 inçlik bir daire veya fırın tepsisinde 12 × 7 inçlik düzensiz bir dikdörtgen oluşturana kadar çekin ve bastırın.

c) Pişmiş bir kabuk. Pizza taşı kullanıyorsanız unlanmış pizza kabuğunun üzerine yerleştirin veya pişmiş kabuğu bir pizza tepsisine yerleştirin.

d) Soya sosunu hamurun üzerine eşit şekilde yayın ve kenarda 1/2 inçlik bir kenar bırakın. Rendelenmiş mozarellayı sosun üzerine eşit şekilde serpin.

e) Pizzanın üzerine Kanada pastırması, ananas parçaları ve dilimlenmiş yeşil soğan ekleyin ve ardından susam tohumlarını pastanın üzerine eşit şekilde serpin.

f) Kabuğu kabuğundan çok sıcak taşa kaydırın veya turtayı tepsisine veya fırın tepsisine fırında veya ızgarada ısıtılmamış kısmın üzerine yerleştirin. Peynir eriyene ve kabuk altın kahverengi olana kadar, 16 ila 18 dakika, kapağı kapalı olarak pişirin veya ızgara yapın.

g) Kabuğu sıcak taştan çıkarmak için kabuğun altına kaydırın veya pastayı tepsisine veya fırın tepsisine tel rafa aktarın. Dilimlemeden önce pizzayı 5 dakika boyunca kabuğun üzerinde veya fırın rafında soğutun. Kabuğun çıtır kalmasını sağlamak için, pizzayı kabuğundan, tepsiden veya fırın tepsisinden bir dakika kadar sonra doğrudan tel ızgaraya aktarın.

## 16. Tencerede Turta Pizza

## Bileşen

- Pizza kabuğu için sarı mısır unu veya pizza tepsisi için yapışmaz sprey
- 1 ev yapımı hamur
- 1 yemek kaşığı tuzsuz tereyağı
- 1 1/2 yemek kaşığı çok amaçlı un
- 1 bardak tam yağlı, az yağlı veya yağsız süt, oda sıcaklığında
- 1 yemek kaşığı Dijon hardalı
- 1 1/2 çay kaşığı saplı kekik yaprağı veya 1 çay kaşığı kurutulmuş kekik
- 1 çay kaşığı kıyılmış adaçayı yaprağı veya 1/2 çay kaşığı kurutulmuş adaçayı
- 1 su bardağı doğranmış, derisi soyulmuş, kemiği çıkarılmış, pişmiş tavuk veya hindi eti
- 2 su bardağı dondurulmuş karışık sebze, çözülmüş
- 2 çay kaşığı Worcestershire sosu
- 1/2 çay kaşığı tuz
- 1/2 çay kaşığı taze çekilmiş karabiber
- Birkaç çizgi acı kırmızı biber sosu
- 6 ons Gouda, Emmental, İsviçre veya Cheddar, rendelenmiş

## Talimatlar

a) Pizza taşında taze hamur. Pizza kabuğunun tozunu mısır unu ile serperek başlayın, ardından hamuru ortasına yerleştirin. Hamuru parmak uçlarınızla büyük, düzleştirilmiş bir daire şeklinde çukurlaştırın; ardından alın, kenarından tutun ve önünüzde döndürün, bu arada çapı yaklaşık 14 inç olana kadar hafifçe gerin. Şekil verdiğiniz hamurun mısır unu kısmı alta gelecek şekilde kabuğun üzerine yerleştirin.

b) Pizza tepsisinde taze hamur. Yapışmaz sprey ile birini veya diğerini yağlayın. Hamuru her ikisinin de ortasına yerleştirin ve parmak uçlarınızla çukurlaştırın; ardından tepside yaklaşık 14 inç çapında bir daire veya fırın tepsisinde 12 × 7 inç düzensiz bir dikdörtgen oluşturana kadar çekin ve bastırın.

c) Pişmiş bir kabuk. Pizza taşı kullanıyorsanız mısır unu serpilmiş pizza kabuğunun üzerine yerleştirin veya pişmiş kabuğu doğrudan pizza tepsisine yerleştirin.

d) Tereyağını büyük bir tencerede orta ateşte eritin. Unu oldukça pürüzsüz hale gelinceye kadar çırpın, ardından yaklaşık saniye kadar açık sarı olana kadar ateşte çırpmaya devam edin.

e) Sütü yavaş ve sabit bir akışla çırpın. Erimiş dondurma gibi koyulaşana kadar ateşte çırpmaya devam edin. Hardal ve otları çırpın.

f) Tavayı ocaktan alın ve et ve sebzeleri karıştırın, ardından Worcestershire sosu, tuz, karabiber ve acı kırmızı biber sosunu (tadına göre) ilave edin.

g) Her şey tekdüze olana ve sosla kaplanana kadar rendelenmiş peyniri ilave edin.

h) Kenarda 1/2 inçlik bir kenarlık bırakarak kabuğun üzerine eşit şekilde yayın.

i) Kabuğu kabuğun üzerinden alıp taşın üzerine kaydırın veya pastayı tepsisine veya fırın tepsisine fırında veya ızgaranın ısıtılmamış bölümünün üzerine yerleştirin. Doldurma köpürene ve kabuk altın kahverengiye dönene ve dokunulduğunda biraz sertleşene kadar, yaklaşık 18 dakika, kapağı kapalı olarak pişirin veya ızgara yapın. Kabukta herhangi bir şekilde hava kabarcığı olmadığından emin olmak için ara sıra taze hamurlu pastayı kontrol edin.

j) Pastayı taştan çıkarmak için kabuğu tekrar kabuğun altına kaydırın veya pastayı tepsisine veya fırın tepsisine tel rafa aktarın. Dilimlemeden önce 5 dakika soğumaya bırakın. İstenirse, kabuğun başka bir sıcak yüzeye yaslanmadan biraz soğumasını sağlamak için pastayı bir dakika kadar sonra doğrudan tel ızgaraya aktarın.

17. Patates, Soğan ve Chutney Pizza

## Bileşen

- Pizza kabuğunu tozlamak için çok amaçlı un veya pizza tepsisini yağlamak için yapışmaz sprey
- 1 ev yapımı hamur
- Soyulmuş İrlanda ayakkabıcıları gibi 12 ons (3 / 4 pound) beyaz haşlanmış patates
- 6 yemek kaşığı mango turşusu, yaban mersini turşusu veya başka bir meyve bazlı turşu
- Hint turşusu
- 6 ons Monterey Jack, rendelenmiş
- 3 yemek kaşığı kıyılmış dereotu yaprakları veya 1 yemek kaşığı kurutulmuş dereotu
- Vidalia gibi 1 büyük tatlı soğan

## Talimatlar

a) Pizza taşında taze hamur. Pizza kabuğunu hafifçe unla tozlayın. Hamuru ekleyip parmak uçlarınızla çukurlaştırarak geniş bir daire şekli verin. Onu alın, kenarından tutun ve yavaşça döndürerek yaklaşık 14 inç çapa ulaşana kadar uzatın. Hamurun unlanmış tarafı alta gelecek şekilde kabuğun üzerine yerleştirin.

b) Pizza tepsisinde taze hamur. Tepsiyi veya fırın tepsisini yapışmaz spreyle yağlayın. Hamuru, kalın, düzleştirilmiş bir daire haline gelinceye kadar parmak uçlarınızla çukurlaştırın, ardından tepside 14 inçlik bir daire veya tepside 12 × 7 inçlik düzensiz bir dikdörtgen oluşana kadar çekin ve bastırın. fırın tepsisi.

c) Pişmiş bir kabuk. Pizza taşı kullanıyorsanız pizza kabuğunun üzerine yerleştirin veya pişmiş kabuğu pizza tepsisine yerleştirin. Fırın veya ızgara ısınırken, sebze buharlayıcıyla donatılmış büyük bir tencerede yaklaşık 1 inç suyu kaynatın. Patatesleri ekleyin, üzerini kapatın, ısıyı orta seviyeye indirin ve çatalla delindiğinde yumuşayana kadar yaklaşık 10 dakika buharda pişirin. Lavaboya yerleştirilmiş bir kevgir içine aktarın ve 5 dakika soğumaya bırakın, ardından çok ince dilimler halinde dilimleyin.

d) Hint turşusunu hazırlanan kabuğun üzerine eşit bir şekilde yayın ve kenarda yaklaşık 1/2 inçlik bir kenarlık bırakın. Rendelenmiş Monterey Jack ile eşit şekilde doldurun. Patates dilimlerini pastanın üzerine eşit ve dekoratif bir şekilde yerleştirin, ardından dereotu serpin. Soğanı sapıyla ikiye bölün. Kesme tahtasının üzerine kesik tarafı aşağı bakacak şekilde yerleştirin ve çok keskin bir bıçak kullanarak kağıt inceliğinde dilimler yapın. Bu dilimleri şeritlere ayırıp pastanın üzerine dizin.

e) Üst malzemeleri yerinde tutmaya dikkat ederek pastayı kabuktan çok sıcak taşa kaydırın veya pastayı tepsisine veya fırın tepsisine fırında veya ızgara ızgarasının doğrudan ısının üzerinde olmayan kısmına yerleştirin. kaynak. Kapağı kapalı olarak, kabuğun kenarı hafifçe kızarana, alt kısmı daha da koyu kahverengileşene kadar, 16 ila 18 dakika pişirin veya ızgara yapın. Taze hamurun kenarında veya ortasında hava kabarcıkları oluşursa, eşit bir kabuk elde etmek için bunları bir çatalla patlatın.

f) Kabuğu taş üzerindeki sıcak pastanın altına geri kaydırın veya pastayı tepsisine veya fırın tepsisine tel rafa aktarın. Dilimleyip servis yapmadan önce 5 dakika soğumaya bırakın.

## 18. Prosciutto ve Roka Pizza

## Bileşen

- Pizza kabuğu için çok amaçlı un veya pizza tepsisi için zeytinyağı
- 1 ev yapımı hamur
- 1/4 bardak Klasik Pizza Sosu
- 3 ons taze mozarella, ince dilimlenmiş
- 1/2 bardak paketlenmiş roka yaprakları, kalın sapları çıkarılmış 2 ons prosciutto,
- yemek kaşığı balzamik sirke

## Talimatlar

a) Pizza taşında taze hamur. Pizza kabuğunu unla tozlayın, hamurun ortasına yerleştirin ve parmak uçlarınızla hamuru büyük, düzleştirilmiş bir daire şeklinde çukurlaştırın. Onu alın ve kenarını tutarak, yavaşça döndürerek ve çapı yaklaşık 14 inç olana kadar uzatarak ellerinizle şekillendirin. Şekil verdiğiniz hamurun unlanmış kısmı alta gelecek şekilde kabuğun üzerine yerleştirin.

b) Pizza tepsisinde taze hamur. Kağıt havlu üzerine biraz zeytinyağı ile hafifçe yağlayın. Hamuru tepsiye veya fırın tepsisine yerleştirin, parmak uçlarınızla hamuru çukurlaştırın; ardından tepside 14 inçlik bir daire veya fırın tepsisinde 12 × 7 inçlik oldukça düzensiz bir dikdörtgen oluşturana kadar çekin ve bastırın.

c) Pizza taşı kullanıyorsanız unlanmış pizza kabuğunun üzerine yerleştirin veya pişmiş kabuğu bir pizza tepsisine yerleştirin. Kenarda 1/2 inç kenarlık bırakarak pizza sosunu kabuğun üzerine eşit şekilde yayın. Mozzarella dilimlerini turtanın üzerine eşit şekilde yerleştirin ve kenarlarını temiz tutun.

d) Roka yapraklarını turtanın üzerine koyun, ardından prosciutto şeritlerini üstüne koyun. Pizzayı kabuğundan sıcak taşa kaydırın veya pastayı tepsisine veya fırın tepsisine, pizzayı fırında veya ızgara ızgarasının doğrudan ısı kaynağının üzerinde olmayan kısmına yerleştirin.

e) Kabuk altın rengi ve biraz sert oluncaya ve peynir eriyene kadar, kapak kapalıyken 14 ila 16 dakika pişirin veya ızgara yapın. Taze hamurla çalışıyorsanız, ilk 10 dakika içinde kontrol edin, böylece özellikle kenarlarda oluşabilecek kabarcıkları patlatabilirsiniz. Taştan çıkarmak için kabuğu sıcak pastanın altına kaydırın veya pastayı tepsisine veya fırın tepsisine tel rafa aktarın. Pastayı balzamik sirkeyle gezdirin ve dilimlemeden önce 5 dakika soğumaya bırakın.

19. Bol kaşarlı pizza

## Bileşen
- Kabuğu soymak için çok amaçlı un veya pizza tepsisi veya fırın tepsisi için yapışmaz sprey
- 1 ev yapımı hamur
- 3 yemek kaşığı şarküteri hardalı
- 1 su bardağı süzülmüş lahana turşusu
- 6 ons İsviçre, Emmental, Jarlsberg veya Jarlsberg Light, rendelenmiş
- 4 ons pişmiş şarküteri konservesi sığır eti, kalın dilimler halinde kesilmiş ve doğranmış

## Talimatlar
a) Pizza taşında taze hamur. Pizza kabuğunu unla tozlayın ve hamurun ortasına yerleştirin. Hamuru parmak uçlarınızla çukurlaştırarak büyük bir daire şekline getirin.

b) Onu alın ve kenarını tutarak elinizle şekillendirin, yavaşça hamuru çevirin ve kenarını yaklaşık 14 inç çapa gelinceye kadar yavaşça uzatın. Unlu kısmı alta gelecek şekilde kabuğun üzerine koyun.

c) Pizza tepsisinde taze hamur. İkisinden birini yapışmaz spreyle yağlayın. Hamuru her ikisinin de ortasına yerleştirin ve kalın, düzleştirilmiş bir daire oluşana kadar parmak uçlarınızla çukurlaştırın; ardından pizza tepsisinde 14 inçlik bir daire veya 12 × 7 inçlik düzensiz bir dikdörtgen oluşana kadar hamuru çekin ve bastırın. fırın tepsisinde.

d) Pişmiş bir kabuk. Pizza taşı kullanıyorsanız pizza kabuğunun üzerine yerleştirin veya pişmiş kabuğu doğrudan pizza tepsisine yerleştirin.

e) Hardalı hazırlanan kabuğun üzerine eşit bir şekilde yayın ve kenarda 1/2 inçlik bir kenarlık bırakın. Lahana turşusunu hardalın üzerine eşit şekilde dağıtın.

f) Pastayı rendelenmiş peynirle, ardından doğranmış konserve sığır etiyle doldurun. Pizzayı dikkatli bir şekilde kabuğundan ısıtılmış taşa kaydırın veya pastayı tepsisine veya fırın tepsisine fırında veya ızgara ızgarasının doğrudan ısının veya kömürlerin üzerine gelmeyecek kısmının üzerine yerleştirin.

g) Kabuk sertleşene ve altın rengine dönene ve peynir eriyip biraz kızarana kadar, 16 ila 18 dakika kadar, kapağı kapalı olarak pişirin veya ızgara yapın. Taze hamurun üzerinde, özellikle kenarlarında hava kabarcığı oluşursa, düzgün bir kabuk elde etmek için patlatın. Pastayı sıcak taştan çıkarmak veya pastayı tepsisine veya fırın tepsisine bir tel ızgaraya aktarmak için, üst kısmı yerinden çıkarmamaya dikkat ederek kabuğu pizzanın altına geri kaydırın. Dilimleyip servis yapmadan önce 5 dakika soğumaya bırakın.

20. Kavrulmuş Kök Pizza

Bileşen
- Pizza kabuğunun tozunu almak için çok amaçlı un veya pizza tepsisini yağlamak için zeytinyağı
- 1 ev yapımı hamur
- 1/2 büyük sarımsak başlığı
- 1/2 küçük tatlı patates, soyulmuş, uzunlamasına ikiye bölünmüş ve ince dilimlenmiş
- 1/2 küçük rezene soğanı, yarıya bölünmüş, kesilmiş ve ince dilimlenmiş
- 1/2 küçük yaban havucu, soyulmuş, uzunlamasına ikiye bölünmüş ve ince dilimlenmiş
- 1 yemek kaşığı zeytinyağı
- 1/2 çay kaşığı tuz
- 4 ons (1/4 pound) mozzarella, kıyılmış
- 1 ons Parmigiana, ince rendelenmiş
- 1 yemek kaşığı şuruplu balzamik sirke

## Talimatlar

a) Pizza taşında taze hamur. Pizza kabuğunu hafifçe unla tozlayın. Hamuru ekleyip parmak uçlarınızla çukurlaştırarak geniş bir daire şekli verin. Onu alın, iki elinizle kenarından tutun ve dairenin çapı yaklaşık 14 inç olana kadar her seferinde kenarını biraz gererek yavaşça döndürün. Unlu kısmı alta gelecek şekilde kabuğun üzerine yerleştirin.

b) Pizza tepsisinde taze hamur. Tepsiyi veya fırın tepsisini kağıt havlu üzerine biraz zeytinyağıyla yağlayın. Hamuru parmak uçlarınızla çukurlaştırın ve tepside 14 inçlik bir daire veya fırın tepsisinde yaklaşık 12 x 7 inçlik düzensiz bir dikdörtgen oluşturana kadar çekin ve bastırın.

c) Pişmiş bir kabuk. Pizza taşı kullanıyorsanız unlanmış pizza kabuğunun üzerine yerleştirin veya pişmiş kabuğu doğrudan pizza tepsisine yerleştirin.

d) Soyulmamış sarımsak dişlerini küçük bir alüminyum folyo paketine sarın ve 40 dakika boyunca doğrudan ateşte pişirin veya ızgara yapın.

e) Bu arada tatlı patatesi, rezeneyi ve yaban havucunu geniş bir kaseye zeytinyağı ve tuzla birlikte atın. Kasenin içeriğini büyük bir fırın tepsisine dökün. Fırına veya ızgaranın ısıtılmamış bölümünün üzerine yerleştirin ve ara sıra çevirerek yumuşak ve tatlı hale gelinceye kadar 15 ila 20 dakika kızartın.

f) Sarımsakları bir kesme tahtasına aktarın, buhara dikkat ederek paketi açın. Ayrıca sebzelerin bulunduğu fırın tepsisini bir tel ızgara üzerine yerleştirin.

g) Fırının veya gazlı ızgaranın sıcaklığını 450°F'ye yükseltin veya ısıyı biraz yükseltmek için kömür ızgarasına birkaç kömür daha ekleyin.

h) Kıyılmış mozarellayı hazırlanan kabuğun üzerine, kenarda 1/2 inçlik bir kenarlık bırakarak yayın. Peyniri tüm sebzelerle doldurun, etli, yumuşak sarımsağı kağıt gibi kabuklarından çıkarıp turtanın üzerine sıkın. Üstüne rendelenmiş Parmigiana'yı ekleyin.

i) Pizzayı kabuğundan sıcak taşa kaydırın veya pizzayı tepsisine veya fırın tepsisine fırına veya ızgaranın ısıtılmamış bölümüne yerleştirin. Kabuk altın kahverengiye dönene ve hatta alt kısmı biraz koyulaşana kadar, peynir eriyip kahverengileşmeye başlayana kadar kapağı kapalı olarak pişirin veya ızgara yapın, 16 - dakika. Taze hamurda ilk 10 dakika içinde bir miktar hava kabarcığı oluşabilir; düzgün bir kabuk elde etmek için özellikle kenarlarını çatalla patlatın.

j) Kabuğu sıcak taştan çıkarmak için kabuğun altına kaydırın veya pizzayı tepsisine veya fırın tepsisine tel rafa aktarın. 5 dakika bekletin. Kabuğun çıtır kalmasını sağlamak için, turtayı kabuğundan, tepsiden veya unlu kağıttan tel ızgaranın üzerine aktarıp bir dakika kadar sonra soğumasını isteyebilirsiniz. Biraz soğuduktan sonra pastanın üzerine balzamik sirkeyi gezdirin ve dilimler halinde dilimleyerek servis yapın.

21. Sosis ve Elmalı Pizza

## Bileşen
- Pizza kabuğunun tozunu almak için sarı mısır unu veya pizza tepsisini yağlamak için yapışmaz sprey
- 1 ev yapımı hamur,
- 1 yemek kaşığı zeytinyağı
- ons (1/2 pound) tavuk veya hindi sosisi
- 1 yemek kaşığı kaba öğütülmüş hardal
- 6 ons Fontina, kıyılmış
- 1 küçük yeşil elma, tercihen ekşi elma
- 2 yemek kaşığı doğranmış biberiye yaprağı
- 11/2 ons Parmigiana, Pecorino veya Grana Padano, ince rendelenmiş

## Talimatlar
a) Pizza taşında taze hamur. Pizza kabuğunu hafifçe mısır unu ile tozlayın. Hamuru ekleyip parmak uçlarınızla çukurlaştırarak geniş bir daire şekli verin. Onu alın ve kenarını iki elinizle tutarak, yavaşça döndürerek ve dairenin çapı yaklaşık 14 inç olana kadar yavaşça gererek şekillendirin. Hamurun mısır unu tarafı aşağıya gelecek şekilde kabuğun üzerine yerleştirin.

b) Pizza tepsisinde taze hamur. Yapışmaz sprey ile birini veya diğerini yağlayın. Hamuru kalın, düz bir daire haline gelinceye kadar parmak uçlarınızla çukurlaştırın. Daha sonra tepside 14 inçlik bir daire veya fırın tepsisinde 12 × 7 inçlik düzensiz bir dikdörtgen oluşturana kadar çekin ve bastırın.

c) Pişmiş bir kabuk. Pizza taşı kullanıyorsanız mısır unu serpilmiş pizza kabuğunun üzerine yerleştirin veya pişmiş kabuğu bir pizza tepsisine yerleştirin. Büyük bir tavayı orta ateşte ısıtın. Zeytinyağını karıştırın, ardından sosisleri ekleyin. Ara sıra çevirerek, her tarafı iyice kızarana ve iyice pişene kadar pişirin. Bir kesme tahtasına aktarın ve ince yuvarlaklar halinde dilimleyin. Hardalı hazırlanan kabuğun üzerine eşit bir şekilde yayın ve kenarda 1/2 inçlik bir kenarlık bırakın. Üzerine rendelenmiş Fontina'yı ekleyin, ardından dilimlenmiş sosisi pastanın üzerine eşit şekilde yerleştirin. Elma dilimlerini sosis turlarının arasına sıkıştırın, ardından doğranmış otlardan birini ve rendelenmiş peyniri serpin.

d) Pizza tepsisi veya fırın tepsisi kullandıysanız, pizzayı kabuğundan çok sıcak taşa kaydırın, turtayla birlikte fırına veya ızgaranın ısıtılmamış bölümünün üzerine yerleştirin. Peynir eriyene ve köpürene ve kabuğun kenarları altın kahverengiye, hatta alt tarafı daha koyu kahverengiye dönmeye başlayana kadar, kapağı kapalı olarak 16 ila 18 dakika pişirin veya ızgara yapın. Taze hamurla çalışıyorsanız, pişirme veya ızgaralamanın ilk 10 dakikasında hamurun kenarında oluşan hava kabarcıklarını patlatın.

e) Kabuğu taştan çıkarmak için pastanın altına kaydırın veya pastayı tepsisine veya fırın tepsisine tel rafa aktarın.

## 22. Şitake Pizza

## Bileşen

- Pizza kabuğu için çok amaçlı un veya pizza tepsisi için yapışmaz sprey
- 1 ev yapımı hamur,
- 8 ons (1/2 pound) yumuşak ipeksi tofu
- 6 onsluk shiitake mantarı kapakları, sapları çıkarılmış ve atılmış, kapakları ince dilimlenmiş
- 3 orta boy soğan, ince dilimlenmiş
- 2 çay kaşığı Asya kırmızı şili ezmesi
- 2 çay kaşığı kıyılmış soyulmuş taze zencefil
- 1 çay kaşığı normal veya sodyumu azaltılmış soya sosu
- 1 çay kaşığı kızarmış susam yağı

## Talimatlar

a) Pizza taşında taze hamur. Pizza kabuğunu hafifçe unla tozlayın. Hamuru ortasına yerleştirin ve parmak uçlarınızla çukurlaştırarak hamuru kalın, düz bir daire haline getirin. Onu alın, iki elinizle kenarından tutun ve dairenin çapı yaklaşık 14 inç olana kadar yavaşça kenardan gererek döndürün. Unlu kısmı alta gelecek şekilde kabuğun üzerine koyun.

b) Pizza tepsisinde taze hamur. Tepsiyi veya fırın tepsisini yapışmaz spreyle yağlayın. Hamuru parmak uçlarınızla çukurlaştırın, ardından tepside 14 inçlik bir daire veya fırın tepsisinde 12 × 7 inçlik düzensiz bir dikdörtgen oluşturana kadar çekin ve bastırın.

c) Pişmiş bir kabuk. Pizza taşı kullanıyorsanız pizza kabuğunun üzerine yerleştirin veya pişmiş kabuğu doğrudan pizza tepsisine yerleştirin.

d) Tofuyu, doğrama bıçağı takılı bir mutfak robotunda pürüzsüz ve kremsi bir kıvama gelinceye kadar işleyin. Kenarında 1/2 inç kenarlık bıraktığınızdan emin olarak hazırlanan kabuğun üzerine yayın.

e) Tofunun üzerine dilimlenmiş mantar kapakları ve yeşil soğan ekleyin. Şili ezmesini, zencefili, soya sosunu ve susam yağını sosların üzerine eşit şekilde serpin. Turtayı kabuğundan sıcak taşa kaydırın veya turtayı tepsisine veya fırın tepsisine, fırında veya ızgara ızgarasının ısıtılmamış bölümünün üzerine yerleştirin.

f) Kabuk altın kahverengi olana ve dokunulduğunda biraz sertleşene kadar, kapak kapalıyken, 16 ila 18 dakika pişirin veya ızgara yapın. Taze hamuru birkaç kez kontrol ederek özellikle kenarlarında hava kabarcığı olmadığından emin olun, eğer öyleyse, eşit bir kabuk elde etmek için çatalla patlatın. Bittiğinde, kabuğu sıcak taştan çıkarmak için pastanın altına geri kaydırın veya pastayı tepsisine veya fırın tepsisine tel rafa aktarın. Dilimleyip servis yapmadan önce 5 dakika soğumaya bırakın.

## 23. Ispanaklı ve Ricotta Pizza

## Bileşen

- Pizza kabuğunun tozunu almak için çok amaçlı un
- 1 ev yapımı hamur
- 2 yemek kaşığı kanola yağı
- 3 diş sarımsak, kıyılmış
- 6 ons bebek ıspanak yaprakları
- 1/4 çay kaşığı rendelenmiş veya öğütülmüş hindistan cevizi
- 1/4 çay kaşığı kırmızı biber gevreği
- 1/2 bardak sek beyaz şarap veya sek vermut
- 1/4 bardak normal, az yağlı veya yağsız ricotta
- 11/2 ons Parmigiana, ince rendelenmiş
- 1/2 çay kaşığı tuz
- 1/2 çay kaşığı taze çekilmiş karabiber

## Talimatlar

a) Pizza taşında taze hamur. Pizza kabuğunu hafifçe unla tozlayın. Hamuru ekleyip parmak uçlarınızla çukurlaştırarak geniş bir daire şekli verin. Onu alın ve kenarını tutarak elinizle şekillendirin, yavaşça hamuru çevirin ve kenarını yaklaşık 14 inç çapa gelinceye kadar uzatın. Hamurun unlanmış tarafı alta gelecek şekilde kabuğun üzerine yerleştirin.

b) Pizza tepsisinde taze hamur. Tepsiyi veya fırın tepsisini yapışmaz spreyle yağlayın. Hamuru kalın, düz bir daire haline gelinceye kadar parmak uçlarınızla çukurlaştırın; ardından tepside 14 inçlik bir daire veya fırın tepsisinde 12 × 7 inçlik düzensiz bir dikdörtgen oluşana kadar çekin ve bastırın.

c) Pişmiş bir kabuk. Pizza taşı kullanıyorsanız pizza kabuğunun üzerine yerleştirin veya pişmiş kabuğu doğrudan pizza tepsisine yerleştirin. Büyük bir tavayı orta ateşte ısıtın. Yağı çevirin, ardından sarımsağı ekleyin ve 30 saniye pişirin. Ispanak, hindistan cevizi ve kırmızı pul biberi, yapraklar solmaya başlayıncaya kadar karıştırın, ardından şarabı dökün. Ispanak iyice soluncaya ve tava neredeyse kuruyana kadar sürekli karıştırarak pişirin. Tavayı ocaktan alın ve ricotta'yı, rendelenmiş Parmigiana'yı, tuzu ve karabiberi pürüzsüz hale gelinceye kadar karıştırın.

d) Ispanak karışımını hazırlanan kabuğun üzerine kenarda 1/2 inçlik bir kenar bırakarak yayın. Pizzayı kabuğundan sıcak taşa kaydırın veya pizzayı tepsisine veya fırın tepsisine, fırında veya ızgara ızgarasının ısıtılmamış bölümünün üzerine yerleştirin.

e) Doldurma sertleşene ve hafifçe kızarana kadar, kabuk biraz sertleşinceye kadar, 16 ila 18 dakika, kapağı kapalı olarak pişirin veya ızgara yapın. Kabuğu sıcak taştan çıkarmak için pizzanın altına kaydırın veya pastayı tepsisine veya fırın tepsisine tel rafa aktarın. Dilimleyip servis yapmadan önce 5 dakika soğumaya bırakın. Çıtır bir kabuk elde etmek için, pastayı kabuğundan, tepsiden veya fırın tepsisinden birkaç dakika sonra doğrudan tel ızgaraya aktarın.

24. Roka salatası pizzası

## Bileşen

- Bir adet 16 oz. soğutulmuş tam tahıllı pizza hamurunu veya tam tahıllı pizza hamurunu paketleyin
- Mısır unu
- 1/3 bardak marinara sosu
- 1½ çay kaşığı kurutulmuş kekik
- 1 su bardağı rendelenmiş bitki bazlı peynir
- 2 su bardağı karışık taze roka ve körpe ıspanak
- 1½ su bardağı taze kiraz domates (sarı), ikiye bölünmüş
- ½ orta boy kırmızı dolmalık biber, doğranmış
- 1 adet olgun orta boy avokado, dilimlenmiş ¼ bardak kavrulmuş antep fıstığı
- 1 yemek kaşığı balzamik sirke

## Talimatlar

a) Fırını önceden 350°F'ye ısıtın. Pizza hamurunu 14 inçlik bir pizza tavasına veya pizza taşına sığacak şekilde açın. Tavayı veya taşı mısır unu ile serpin ve hamuru üstüne yerleştirin. Marinara sosunu hamurun üzerine sürün ve üzerine kekik ve bitki bazlı peyniri serpin. Tavayı veya taşı fırına yerleştirin ve kabuk altın rengi oluncaya ve dokunulduğunda sertleşene kadar 30 ila 35 dakika pişirin.

b) Servis yapmadan önceki son dakikada kabuğunu fırından çıkarın ve üzerine roka, körpe ıspanak, domates, dolmalık biber, avokado ve antep fıstığını ekleyin. Yeşiller hızla solacak. Sirke ve zeytinyağını gezdirin. Derhal servis yapın.

## 25. Avokado ve Her Şey Pizza

## Bileşen

- 2 su bardağı ayran pişirme karışımı
- 1/2 su bardağı sıcak su
- 1 kutu (8 ons) domates sosu
- 1/4 su bardağı doğranmış yeşil soğan
- 1/2 su bardağı rendelenmiş mozzarella peyniri
- 1/2 bardak dilimlenmiş mantar
- 1/3 su bardağı dilimlenmiş olgun zeytin
- 1 küçük domates, dilimlenmiş
- 2 yemek kaşığı zeytinyağı
- 1 avokado, çekirdeği çıkarılmış, soyulmuş ve dilimlenmiş
Taze fesleğen yaprağı, isteğe bağlı

## Talimatlar

a) Fırını 425F'ye ısıtın. Ayran karışımını ve suyu küçük bir kapta çatalla karıştırın. Yağlanmamış fırın tepsisine veya pizza tepsisine 12 inçlik daire şeklinde hafifçe vurun veya yuvarlayın.

b) Pizza hamurunun üzerine yayılmış domates sosu ve yeşil soğanı karıştırın. Üzerine peynir, mantar, zeytin ve domates dilimleri ekleyin. Üzerine zeytinyağını gezdirin.

c) 15 ila 20 dakika veya kabuğun kenarı altın rengi kahverengi olana kadar pişirin. Pizzayı fırından çıkarın ve üzerine avokado dilimlerini dizin. Fesleğen yapraklarıyla süsleyip servis yapın.

26. Barbekü tavuk pizza

## Bileşen

- 3 kemiksiz yarım tavuk göğsü, pişmiş ve küp şeklinde
- 1 bardak ceviz aromalı barbekü sosu
- 1 yemek kaşığı bal
- 1 çay kaşığı pekmez
- 1/3 su bardağı esmer şeker
- 1/2 demet taze kişniş, doğranmış
- 1 (12 inç) önceden pişirilmiş pizza kabuğu
- 1 bardak füme Gouda peyniri, kıyılmış
- 1 su bardağı ince dilimlenmiş kırmızı soğan

## Talimatlar

a) Fırını 425F'ye önceden ısıtın. Orta-yüksek ateşteki bir tencerede tavuk, barbekü sosu, bal, pekmez, esmer şeker ve kişnişi birleştirin. Kaynatın.
b) Tavuk karışımını pizza kabuğunun üzerine eşit şekilde yayın ve üzerine peynir ve soğan ekleyin.
c) 15 ila 20 dakika veya peynir eriyene kadar pişirin.

27. Barbekü Çilekli Pizza

## Bileşen

- 1 pizza hamuru (bakkalda önceden hazırlanmış büyük bir zaman tasarrufu sağlar)
- 250 gram (1 su bardağı) boursin peyniri (ince otlar ve sarımsak)
- 2 yemek kaşığı balzamik sır
- 2 su bardağı dilimlenmiş çilek
- 1/3 su bardağı doğranmış fesleğen
- zevkinize biber
- Üzerine sürmek için 1 yemek kaşığı zeytinyağı
- garnitür için rendelenmiş parmesan

## Talimatlar

a) Pizza kabuğunu barbeküde (yüksek ateşte) veya fırında pişirin.
b) Ateşten alın ve otlu krem peynirle yayın.
c) Üzerine fesleğen ve çilek serpin. Üzerine zeytinyağı ve balzamik sos gezdirin ve biber (isteğe göre) ve rendelenmiş parmesanla süsleyin

## 28. Brokoli Derin Yemek Pizza

## Bileşen

- 1paket kuru maya
- 1 1/3 su bardağı ılık su
- 1 ton şeker
- 3 1/2 su bardağı ağartılmamış un
- 1 çk kek unu
- 1 1/2 ton tuz
- 1 c artı 2 T zeytinyağı
- 3 ton kıyılmış sarımsak
- (1)15 onsluk kutu domates sosu
- (1)12 onsluk kutu domates salçası
- 2 ton kekik
- 2 ton fesleğen
- 2 yemek kaşığı dilimlenmiş mantar Tuz ve karabiber
- 1 lb. İtalyan sosisi (sıcak veya tatlı)
- 1/2 ton ezilmiş rezene tohumu
- 2 T tereyağı
- 8 c beyazlatılmış, kabaca doğranmış brokoli
- 1 T kısaltma
- 3 1/2 c rendelenmiş mozarella peyniri
- 1/2 c rendelenmiş parmesan peyniri

## Talimatlar

a) Mayayı ılık suda eritip şekeri ilave edin. Unları ve tuzu birleştirin ve yavaş yavaş çözünmüş mayayı ve 1/4 bardak yağı ekleyin. Doku pürüzsüz hale gelinceye kadar yoğurun. Büyük bir kaseye koyun, üzerini streç filmle örtün ve hacmi üç katına çıkana kadar (2-3 saat) mayalanmaya bırakın.

b) Bu arada dolguları hazırlayın. 1/4 bardak yağı bir sote tavasında ısıtın, 2 yemek kaşığı sarımsağı ekleyin ve 30 saniye (kızartmadan) pişirin. Domates sosu ve salçayı ilave edip koyulaşana kadar pişirin. Fesleğen ve kekiği ekleyip karıştırın ve soğumaya bırakın.

c) 2 T yağ ekleyin ve mantarları hafifçe kızarana ve sıvı buharlaşana kadar soteleyin. Damak tadınıza göre baharatlayın ve soğuması için bir kenara bırakın.

d) Sosislerin kabuklarını çıkarıp atın, ufalayın ve sosisleri rezeneyle birlikte tavaya ekleyin. İyice pişirin, çıkarın ve soğutun. Tereyağını ve 2 ton yağı 1 ton sarımsakta ısıtın ve 30 saniye karıştırın. Brokoli iyice kaplanıncaya ve sıvı buharlaşıncaya kadar karıştırın. Tadına göre baharatlayın ve bir kenara koyun.

e) Hamur yükseldiğinde, yumruklayın. Yaklaşık 2/5'ini kesip bir kenara koyun. 14 x 1 1/2" derin tabaklı pizza tavasını yağla yağlayın. Unlanmış bir tahta üzerinde hamurun 3/5'ini 20" daire şeklinde açın. Fazla hamurun kenardan sarkmasına izin vererek tavaya yerleştirin. Hamuru 1 T yağla fırçalayın ve üzerine tuz serpin. Hamurun üzerine 1 bardak mozzarella peyniri serpin.

f) Domates sosunu peynirin üzerine sürün, mantarları domateslerin üzerine yayın ve üzerini 1 bardak mozzarella peyniri ile kaplayın.

g) Kalan hamuru yaklaşık 14 inçlik bir daireye açın. Tavanın içindeki hamurun yanlarını suyla fırçalayın. 14 inçlik yuvarlak hamuru tavaya yerleştirin.
h) Kapatmak için kenarları nemlendirilmiş hamura doğru bastırın (gerekirse çekin). Sarkan hamuru 1/2 "e kadar kesin ve tekrar ıslatın.
i) İçeri doğru katlayın ve tava kenarının etrafında yükseltilmiş bir kenar oluşturacak şekilde kıvırın. Hamurun üst katmanında bir buhar deliği kesin ve 1 T yağla fırçalayın. Sosisleri hamurun üzerine yayın ve üzerini brokoli ile örtün.
j) Kalan peynirleri birleştirin ve brokolinin üzerine 1/4 c yağ serpin.
k) Önceden ısıtılmış 425 derecelik fırında 30-40 dakika pişirin. İyi donuyor.

## 29.　Buffalo Tavuklu Pizza Turtaları

## Bileşen

- Bir adet 12 onsluk paket tam buğdaylı İngiliz kekleri (6 kek)
- 1 orta boy turuncu dolmalık biber, $\frac{1}{4}$ inçlik zarlar halinde kesilmiş (yaklaşık 1 $\frac{1}{4}$ bardak)
- 1 yemek kaşığı kanola yağı
- 12 ons kemiksiz, derisiz tavuk göğsü yarımları, $\frac{1}{2}$ inçlik zarlar halinde kesilmiş
- Yarım su bardağı makarna sosu
- 1 yemek kaşığı Bufalo sosu
- 1 yemek kaşığı mavi peynir sosu
- 1 ila 1 $\frac{1}{2}$ bardak rendelenmiş, kısmen yağsız mozzarella peyniri

## Talimatlar

a) Fırını önceden 400°F'ye ısıtın. İngiliz keklerini ikiye bölün ve bir fırın tepsisine yerleştirin. Yaklaşık 5 dakika kadar fırında kızartın. Çıkarın ve bir kenara koyun. Yağı büyük yapışmaz bir tavada orta-yüksek ateşte ısıtın. Dolmalık biberi ekleyin ve sık sık karıştırarak yumuşayana kadar yaklaşık 5 dakika pişirin.

b) Tavuğu ekleyin ve artık pembeleşmeyene kadar 3 ila 5 dakika pişirin. Makarna sosunu, Buffalo sosunu ve mavi peynir sosunu ilave edip iyice karıştırın.

c) Pizzaları birleştirmek için her muffinin yarısını tavuk karışımıyla eşit şekilde doldurun. Peyniri her birinin üstüne eşit şekilde serpin. Peynir eriyene kadar yaklaşık 5 dakika pişirin.

30. Kaliforniya Pizzası

## Bileşen

- 1 su bardağı zeytinyağı
- 2 su bardağı taze fesleğen yaprağı
- 2 diş sarımsak, doğranmış
- 3 yemek kaşığı çam fıstığı
- 1/2 su bardağı taze rendelenmiş parmesan peyniri
- 1 soğan, ince dilimlenmiş
- 1 tatlı kırmızı biber, çekirdeği çıkarılmış ve şeritler halinde dilimlenmiş
- 1 yeşil biber, çekirdekleri çıkarılmış ve şeritler halinde dilimlenmiş
- 2 yemek kaşığı zeytinyağı
- 1 yemek kaşığı su
- 1/2 kiloluk sarımsak ve rezene sosisi veya tatlı İtalyan sosisi 3 ons keçi peyniri
- 10 ons Mozzarella peyniri, iri rendelenmiş
- 2 yemek kaşığı taze rendelenmiş parmesan peyniri
- 2 yemek kaşığı mısır unu

## Talimatlar:

a) Hamuru hazırlayın Mayayı suda eritin ve bir kenara koyun. Bir kapta un, tuz ve şekeri karıştırın. Ortasına bir "kuyu" açın, maya solüsyonunu ve zeytinyağını dökün. Unu bir çatal kullanarak karıştırın.

b) Hamur sertleştikçe kalan unu elinizle ekleyin. Bir top haline getirin ve unlanmış bir tahta üzerinde sekiz ila on dakika yoğurun. Yağla kaplı bir kaseye yerleştirin, üzerini nemli bir bezle örtün ve ılık, hava akımı olmayan bir yerde boyutu iki katına çıkana kadar, yaklaşık iki saat mayalanmaya bırakın.

c) Bir blender veya mutfak robotu kullanarak pesto sosunu hazırlayın. Peynir hariç hepsini birleştirin. İşleyin ancak püre oluşturmayın. Peyniri karıştırın. Tarafı ayarlayın.

Geniş bir tavada soğanları ve biberleri bir çorba kaşığı zeytinyağı ve suyla orta ateşte soteleyin. Biberler yumuşayana kadar sık sık karıştırın. Drenaj yapın ve bir kenara koyun. Kahverengi sosis, pişerken parçalara ayrılıyor. Fazla yağı boşaltın. İri kıyıp bir kenara koyun.

d) Fırını 400 dereceye kadar önceden ısıtın. Kalan zeytinyağını 12 inçlik pizza tavasına eşit şekilde yayın. Mısır unu serpin. Pizza hamurunu açın, oklavayla hafifçe açın, parmaklarınızla çevirin ve düzleştirin. Hamuru tavaya yerleştirin ve parmak uçlarınızla kenarlara doğru yayın. Beş dakika pişirin. Pesto sosunu hamurun üzerine yayın. Keçi peynirini pestonun üzerine eşit şekilde ufalayın. Soğanları, biberleri, sosisleri ve peynirleri ekleyin. 10 dakika veya kabuk hafif kahverengileşinceye ve peynir kabarcıklanıncaya kadar pişirin.

31. Karamelize Soğanlı Pizza

## Bileşen

- Soğanları kızartmak için 1/4 su bardağı zeytinyağı
- 6 su bardağı ince dilimlenmiş soğan (yaklaşık 3 pound)
- 6 diş sarımsak
- 3 yemek kaşığı. taze kekik veya 1 yemek kaşığı. kurutulmuş kekik
- 1 defne yaprağı
- tuz ve biber
- 2 yemek kaşığı. pizzanın üzerine sürmek için yağ (isteğe bağlı)
- 1 yemek kaşığı. Drenajlı kapari
- 1-1/2 yemek kaşığı. Çam fıstığı

## Talimatlar:

a) 1/4 su bardağı zeytinyağını ısıtın ve soğan, sarımsak, kekik ve defne yaprağını ekleyin. Nemin çoğu buharlaşana ve soğan karışımı çok yumuşak, neredeyse pürüzsüz ve karamelize olana kadar yaklaşık 45 dakika ara sıra karıştırarak pişirin. Defne yaprağını atın ve tuz ve karabiberle tatlandırın.

b) Hamurun üzerini soğan karışımıyla kaplayın, üzerine kapari ve çam fıstığı serpin ve kullanıyorsanız kalan zeytinyağını üzerine gezdirin.

c) Önceden ısıtılmış 500 derecelik fırında 10 dakika veya altın rengi kahverengi olana kadar pişirin. Pişirme süresi taşta, elek üzerinde veya tavada pişirmenize göre değişecektir.

d) Pizzayı fırına koymadan önce fırınınızın iyice ısıtıldığından emin olun.

## 32. Peynirli Calzone

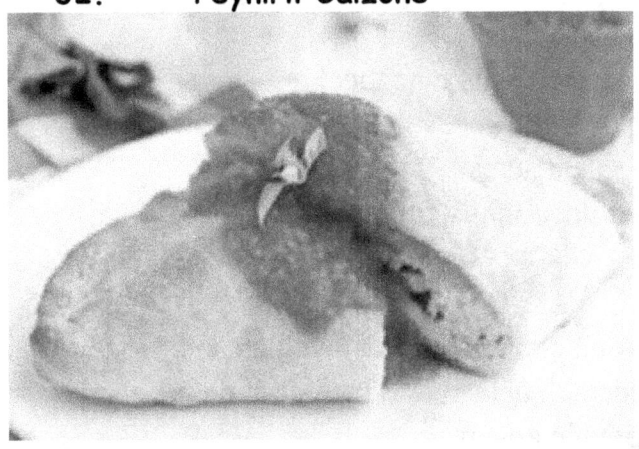

## Bileşen

- 1lb. ricotta peyniri
- 1 su bardağı rendelenmiş mozzarella
- bir tutam karabiber
- NY Usulü Pizza Hamuru
- Fırını 500F'ye önceden ısıtın.

## Talimatlar:

a) 6 oz'luk bir tane alın. hamur topu ve unlanmış yüzeye yerleştirin. Parmak uçlarıyla 6 inçlik bir daireye yayın. 2/3 bardak peynir koyun

b) bir tarafını karıştırıp diğer tarafını katlayın. Mühürde peynir karışımı olmadığından emin olarak parmak uçlarıyla kapatın. Sıkı bir sızdırmazlık sağlamak için kenarı sıkıştırın. İçini eşitlemek için calzone'u hafifçe vurun. Contayı sızıntılara karşı tekrar kontrol edin. Diğerleriyle tekrarlayın.

c) Calzone'ları hafifçe yağlanmış bir fırın tepsisine yerleştirin. Pişirme sırasında havalandırmak için her birinin üstüne 1 inçlik bir yarık kesin. Fırının ortasına yerleştirin ve 10-12 dakika veya altın rengi kahverengi olana kadar pişirin. En sevdiğiniz domates sosunu sıcak olarak üstüne veya yanına daldırmak için servis yapın.

## 33. Vişneli Bademli Pizza

## Bileşen
- Hamur
- 2 yumurta akı
- 125g (4oz - 3/4 bardak) öğütülmüş badem
- 90g (3oz - 1/2 bardak) pudra şekeri birkaç damla badem özü
- 750g (1 1/2 lb.) kavanoz Morello vişne suyu
- 60g    (2oz - 1/2 bardak) kuşbaşı badem
- 3 yemek kaşığı MorelOo vişne reçeli pudra şekeri
- süslemek için krem şanti

## Talimatlar
a) Fırını 220C'ye (425F. Gaz 7) önceden ısıtın
b) Bir kapta yumurta aklarını hafifçe çırpın. Öğütülmüş bademleri, pudra şekerini ve badem özünü karıştırın. Karışımı pizza tabanının üzerine eşit şekilde yayın.
c) Kirazları boşaltın, suyunu saklayın. Pizzanın üzerine kaşıkla dökün, birkaç tanesini dekorasyon için ayırın. Üzerine file badem serpin ve hamur gevrek ve altın rengi olana kadar fırında 20 dakika pişirin.
d) Bu arada, bir tencerede, ayrılmış meyve suyunu ve reçeli şurup kıvamına gelinceye kadar ısıtın. Pişmiş pizzanın üzerine pudra şekeri serpin ve çırpılmış krema ve ayrılmış kirazlarla süsleyin.

## 34. Chicago Usulü Pizza

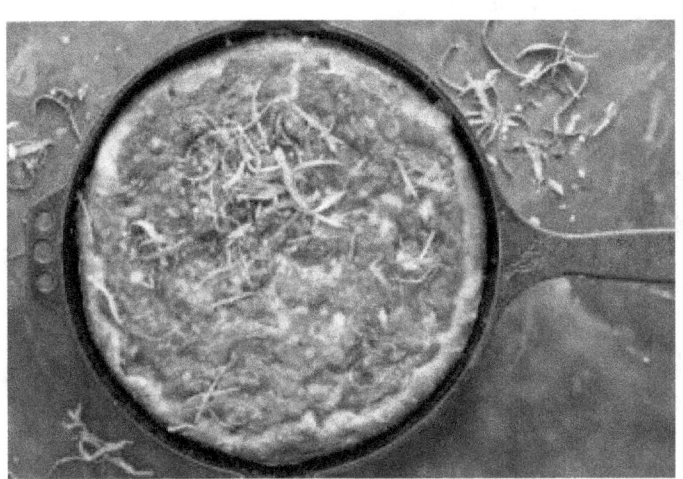

**Bileşen**
- 1 su bardağı Pizza sosu
- 12 oz. Rendelenmiş mozarella peyniri
- 1/2 lb. Kıyma, ufalanmış, pişmiş
- 1/4 lb. İtalyan Sosis, ufalanmış, pişmiş
- 1/4 lb. Domuz Sosis, ufalanmış, pişmiş
- 1/2 bardak Pepperoni, doğranmış
- 1/2 bardak Kanada pastırması, doğranmış
- 1/2 bardak Jambon, doğranmış
- 1/4 lb. Mantar, dilimlenmiş
- 1 küçük soğan, dilimlenmiş
- 1 Yeşil dolmalık biber, çekirdeği çıkarılmış, dilimlenmiş
- 2 oz. Rendelenmiş parmesan peyniri

## Talimatlar

a) Hamur için, maya ve şekeri küçük bir kaptaki ılık suya serpip köpürene kadar yaklaşık 5 dakika bekletin.

b) Geniş bir kapta un, mısır unu, yağ ve tuzu karıştırıp ortasını havuz gibi açın ve maya karışımını ekleyin. Yumuşak bir hamur elde edene kadar karıştırın, gerekirse daha fazla un ekleyin. Unlu bir tahtanın üzerine çevirin ve hamur esnek ve elastik hale gelinceye kadar 7 ila 10 dakika yoğurun. Büyük bir kaseye aktarın, üzerini örtün ve ılık bir yerde hamur iki katına çıkana kadar yaklaşık 1 saat mayalanmaya bırakın. Yumruk at.

c) Hamuru 13 inçlik bir daireye yuvarlayın. Yağlanmış 12 inçlik bir pizza tepsisine aktarın ve fazlalığı küçük bir kenar oluşturacak şekilde katlayın. Pizza sosunu sürün ve bir avuç mozzarella peyniri hariç hepsini serpin. Et ve sebze serpin. Kalan mozzarella ve Parmesan peynirini üstüne ekleyin. Yaklaşık 25 dakika kadar sıcak bir yerde mayalanmaya bırakın.

d) Fırını 475 dereceye ısıtın. Pizzayı kabuk altın rengi olana kadar yaklaşık 25 dakika pişirin. Dilimlemeden önce 5 dakika bekletin.

## 35. Derin Yemekli Pizza

## Bileşen

- Yavaş pişirici parçayı püskürtmek için yapışmaz pişirme spreyi
- 8 ons hazırlanmış pizza hamuru (soğutulmuşsa, yağlanmış bir kapta kabarmasına izin verin)
- 2 saat)
- 8 ons dilimlenmiş (rendelenmemiş) mozzarella peyniri
- 8 ons ince dilimlenmiş biberli, tercihen sandviç boyutunda
- 1/2 bardak mağazadan satın alınan pizza sosu
- 1 yemek kaşığı rendelenmiş parmesan
- 6 adet taze fesleğen yaprağı, şifonda kesilmiş
- Ezilmiş kırmızı biberi sıkın

## Talimatlar

a) Yavaş pişiriciyi 20 dakika boyunca yüksek sıcaklıkta önceden ısıtın. Parçayı yapışmaz pişirme spreyi ile püskürtün.
b) Temiz bir yüzey üzerinde hamuru gerin, yuvarlayın ve yavaş pişirici ek parçasıyla kabaca aynı şekle getirin. Amaç güzel, ince bir kabuk. Ocağa yerleştirin ve gerekirse yayın. Üstünü dökmeden 1 saat boyunca KAPAĞI AÇIK olarak yüksek ateşte pişirin.
c) Mozzarella dilimlerini hamurun üzerine ve kenarları kabuğun yaklaşık 1 inç yukarısına kadar sürün. Çevresi kaplanana kadar saat yönünde bir daire içinde hareket ederek her dilimi üst üste getirin. Gerekirse ortadaki boş alanı kapatacak şekilde 1 dilim daha yerleştirin. Peyniri yaptığınız gibi bir kat pepperoni serpin.
d) Küçük bir kat pizza sosu sürün.
e) Parmesan serpin.
f) Peynirli kabuk koyulaşıp karamelleşene ve alt kısmı sert ve kahverengi olana kadar yüksek ateşte bir saat daha pişirin. Bir spatula kullanarak yavaş pişiriciden dikkatlice çıkarın.
g) Fesleğen ve ezilmiş kırmızı biberle süsleyin.

## 36. Hollandalı fırın pizzası

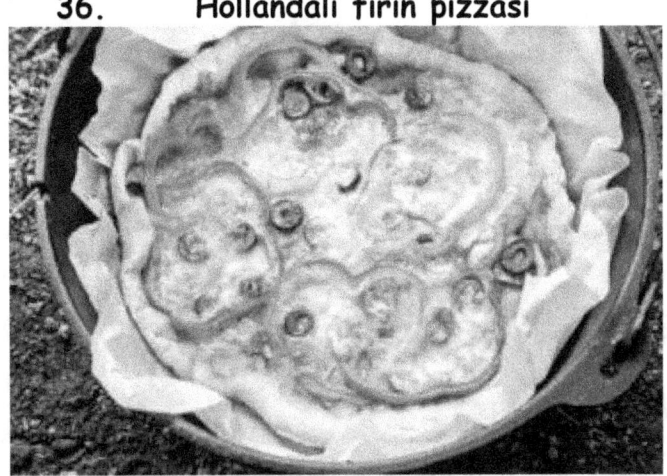

**Bileşen**
- 2 adet. Hilal ruloları
- 1 kavanoz pizza sosu
- 1 1/2 lb. kıyma
- 8oz rendelenmiş kaşar peyniri
- 8oz rendelenmiş mozzarella peyniri
- 4oz biberli
- 2 çay kaşığı kekik
- 1 çay kaşığı sarımsak tozu
- 1 çay kaşığı soğan tozu

**Talimatlar**
a) Kahverengi kıyma, süzün. Hollandalı fırını 1 pkg ile sıralayın. Hilal ruloları. Pizza sosunu hamurun üzerine yayın.
b) Kıymayı, sucukları ekleyin ve üzerine kekik, sarımsak tozu ve soğan tozunu serpin. Peynirleri ekleyin ve ikinci paketi kullanın. Hilal şeklinde yuvarlanarak üst kabuk oluşturulur.
c) 350 derecede 30 dakika pişirin. Kıyılmış yeşil biber gibi diğerleri, doğranmış

## 37. Yumurta Salatası Pizza Külahları

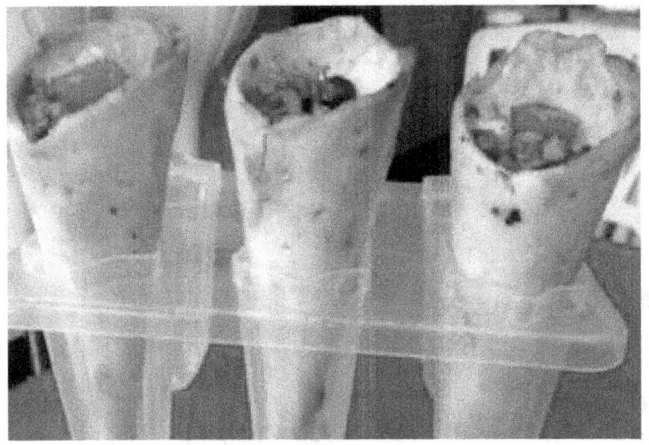

## Bileşen

- 1/4 bardak şişelenmiş yağı azaltılmış kremalı İtalyan salata sosu
- 1/2 çay kaşığı İtalyan baharatı, ezilmiş
- 6 adet sert pişmiş yumurta, doğranmış
- Üstleri ile 1/4 bardak dilimlenmiş yeşil soğan
- 1/4 bardak kıyılmış biber
- 6 adet sade dondurma külahı
- İsteğe göre doğranmış mantar, yeşil biber, siyah zeytin
- 3/4 bardak pizza sosu
- 2 yemek kaşığı rendelenmiş parmesan peyniri

## Talimatlar

a) Orta kapta pansuman ve baharatları birlikte karıştırın. Yumurta, soğan ve biberleri karıştırın. Servis yapmaya hazır olana kadar örtün ve soğutun.

b) Servis yapmak için, karışımın yaklaşık 1/3 fincanını her bir külahın içine alın. Üzerine yaklaşık 2 yemek kaşığı pizza sosu ve isteğe göre mantar, biber ve zeytin ekleyin. Her birine yaklaşık 1 çay kaşığı peynir serpin.

## 38. İncir, taleggio ve radicchio pizzası

## Bileşen
- 3 adet kurutulmuş Misyon incir
- ½ fincan sek kırmızı şarap
- 2 yemek kaşığı çiğ ceviz parçaları
- Çok amaçlı un
- 1 (6 oz.) top Yoğurulmayan Pizza Hamuru
- 2 yemek kaşığı sızma zeytinyağı
- ½ küçük baş radikşi, rendelenmiş (yaklaşık ¼ bardak)
- 2 oz. Taleggio veya başka bir keskin peynir, küçük parçalar halinde kesilmiş

## Talimatlar
a) Izgarayı, elemandan veya alevden 5 inç uzakta olacak şekilde önceden ısıtın. Pizza için dökme demir tava veya ızgara tavası kullanıyorsanız, orta-yüksek ateşte, dumanı tüten bir sıcaklığa gelene kadar yaklaşık 15 dakika kadar ayarlayın.

b) Tavayı (ters çevrilmiş) veya ızgara tavasını piliçlere aktarın.

c) İncirleri orta ateşteki küçük bir tavaya koyun, şarabı dökün ve kaynatın. Isıyı kapatın ve incirlerin en az 30 dakika bekletin. Süzün, ardından ½ inçlik parçalar halinde doğrayın. Ceviz parçalarını kuru bir tavada orta-yüksek ateşte 3 ila 4 dakika kızartın. Bir tabağa aktarın, soğumaya bırakın ve ardından iri doğrayın.

d) Hamuru şekillendirmek için çalışma yüzeyini unlayın ve üzerine hamur topunu koyun. Un serpin ve hamur bir araya gelinceye kadar birkaç kez yoğurun. Gerekirse daha fazla un ekleyin. Merkezden kenarlara doğru bastırarak 8 inçlik bir yuvarlak haline getirin ve diğerlerinden 1 inçlik bir kenarlık daha kalın bırakın.

e) Fırın kapağını açın ve pişirme yüzeyinin bulunduğu rafı hızla dışarı doğru kaydırın. Hamuru alın ve yüzeye dokunmamaya dikkat ederek hızla pişirme yüzeyine aktarın.

f) Hamurun üzerine 1 yemek kaşığı sıvı yağ gezdirin, üzerine ceviz parçalarını, ardından radikkiyi, ardından doğranmış incirleri ve ardından peyniri serpin. Rafı tekrar fırına kaydırın ve kapıyı kapatın. Kenarları kabuk kabarıncaya, pizza noktalar halinde kararıncaya ve peynir eriyene kadar pizzayı 3 ila 4 dakika kadar kızartın.

g) Pizzayı tahta veya metal bir kabukla veya kare kartonla çıkarın, bir kesme tahtasına aktarın ve birkaç dakika dinlendirin. Kalan 1 yemek kaşığı yağı üstüne gezdirin, pizzayı dörde bölün, tabağa aktarın ve yiyin.

## 39. Dondurulmuş Fıstık Ezmesi Pizza Pastası

## Bileşen

- 2 İnce Hamur 12 inçlik hamur kabukları
- 2 yemek kaşığı tereyağı, yumuşatılmış
- 1 8 oz. paket krem peynir, yumuşatılmış
- 1 su bardağı kremalı fıstık ezmesi, yumuşatılmış
- 1 1/2 su bardağı pudra şekeri
- 1 bardak süt
- 1 12-oz. paket Soğuk Kırbaç
- çikolata şurubu

## Talimatlar

a) Fırını 400°F'ye önceden ısıtın.
b) Pizza kabuklarının üstlerini ve kenarlarını tereyağıyla fırçalayın, ortadaki fırın rafına yerleştirin ve 8 dakika pişirin. Tel rafları çıkarın ve soğutun.
c) Büyük bir elektrikli karıştırıcı kabında krem peyniri ve fıstık ezmesini çırpın, ardından pudra şekerini sütle dönüşümlü olarak üç porsiyon halinde ekleyin.
d) Çözülmüş Cool Whip'i ekleyin, ardından karışımı soğutulmuş pizza kabuklarının üzerine yayın.
e) Sertleşinceye kadar dondurun. Pizzaları soğuk olarak servis edin ancak dondurmayın. Servis yapmadan hemen önce üzerine çikolata şurubu gezdirin.

## 40. Izgara süper pizza

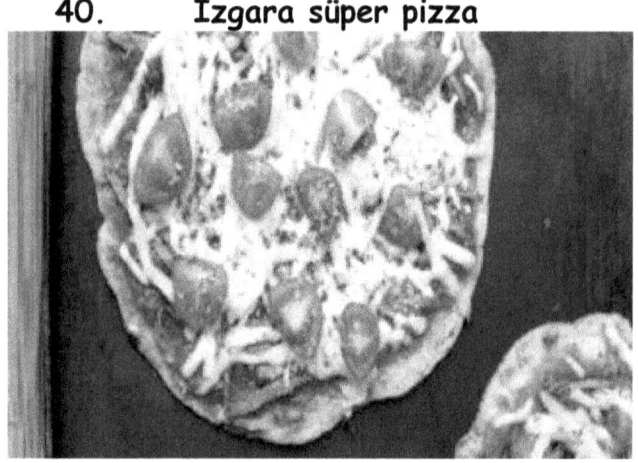

## Bileşen
- ¼ bardak marinara sosu
- ¼ bardak doğranmış taze ıspanak
- ¼ bardak rendelenmiş mozarella
- ¼ bardak dörde bölünmüş kiraz domates
- 1/8 çay kaşığı kekik

## Talimatlar
a) Un, su, yağ ve tuzu pürüzsüz hale gelinceye kadar çırpın.
b) Hamuru, pişirme spreyi ile buğulanmış sıcak ızgaraya dökün.
c) Her iki tarafı da 4-5 dakika (kabuk kahverengileşene kadar) ısıtın.
d) Kabuğu bir kez daha çevirin ve üzerine marinara sosu, ıspanak, peynir, domates ve kekik ekleyin.
e) 3 dakika veya peynir eriyene kadar ısıtın.

## 41. Izgara pizza

## Bileşen

- 1 çay kaşığı kuru maya
- 1 yemek kaşığı soya yağı
- 1 çay kaşığı şeker
- $\frac{1}{2}$ bardak ılık su (110°F)
- 1 buçuk su bardağı ekmek unu
- 1 yemek kaşığı soya unu
- 1 çay kaşığı tuz

## Talimatlar

a) Maya, şeker ve yarım bardak çok ılık suyu bir kasede birleştirin, beş dakika bekletin. Unu ve tuzu kasede birleştirin. Maya karışımını kuru içeren kaseyle karıştırın. Eğer hamur ele yapışıyorsa biraz daha un ekleyin. İyice 10 dakika yoğurun.

b) Yağlanmış bir kaseye koyun ve hacmi iki katına çıkana kadar 60 dakika bekletin. Unlu bir yüzeye çıkarın ve pürüzsüz hale gelinceye kadar hafifçe yoğurun. $\frac{1}{4}$ "kalınlığında, 12" çapında bir daire şeklinde açın. Hamur ne kadar ince açılırsa o kadar iyi olur.

c) Kabınızı ızgaraya yerleştirmeden önce ızgaranızın hem temiz hem de iyice yağlanmış olduğundan emin olun. Bu, hamurun ızgaraya yapışmasını önlemeye yardımcı olacaktır. Hamurunuzu ızgaraya taşıyacak kadar büyük bir şeye ihtiyacınız olacak. Bu görev için bir pizza spatulası şiddetle tavsiye edilir. İlk önce aşağıya bakacak tarafa eşit bir kat sızma zeytinyağı sürün. Yağ lezzet katacak ve hamurun ızgaraya yapışmasını engellemenin yanı sıra kabuğa güzel ve gevrek bir görünüm kazandıracaktır.

d) Pizzanızı ızgaraya yerleştirmeden önce, pizzanızın ters çevrilmesini kolaylaştırmak için ızgaranızın üst rafını çıkarmak isteyebilirsiniz.

e) Izgaranızın ısısına göre çevirmeden önce ilk yüzünü 1-3 dakika pişirin. Bu süre zarfında zeytinyağını yukarı bakacak tarafa fırçalamanız gerekecektir. İlk tarafı pişirirken, sonunu izlemek için kabuğun kenarının altına doğru zirve yapın.
f) Sonuca doyuncaya kadar pişirin ve ardından kabuğunuzu ters çevirin. Çevirdikten sonra hemen istediğiniz malzemeyi uygulayın. Kabuğu yakmadan ızgarada pişirme şansları olmayacağından, üst malzemeyi çok hafif tutmanız önemle tavsiye edilir. Et ve kalın sebzeler gibi bazı yiyecekleri önceden pişirmeyi düşünebilirsiniz. Isıyı hapsetmek ve malzemeleri pişirmeyi bitirmek için kapağı mümkün olan en kısa sürede indirdiğinizden emin olun.
g) Pizzayı 2-3 dakika daha veya kabukların kıvamına gelinceye kadar pişirin.

## 42. Sopressatalı Izgara Beyaz Pizza

## Bileşen

- Hamur
- 1 su bardağı zeytinyağı
- 6 diş ezilmiş sarımsak
- 2 diş kıyılmış sarımsak
- 1 bardak tam yağlı ricotta
- 1 çay kaşığı doğranmış taze kekik
- 2 çay kaşığı artı 1 yemek kaşığı doğranmış taze kekik, 1/2 bardak zeytinyağını ayrı tutun
- 4 su bardağı rendelenmiş mozarella
- 1 su bardağı rendelenmiş Parmesan
- 6 ons Soppressata veya diğer kurutulmuş salam, ince dilimlenmiş
- 4 ons kiraz biber (kavanozlanmış), süzülmüş ve parçalara ayrılmış
- Kaşer tuzu ve taze çekilmiş karabiber Mısır unu (kaba öğütülmüş), gerektiği gibi

## Talimatlar

a) Fırını 150°F'ye veya en düşük ayara kadar önceden ısıtın. Fırın sıcaklığına ulaştığında fırını kapatın. Suyu bir mutfak robotunun veya stand mikserinin çalışma kasesine dökün (her ikisinde de hamur aparatı bulunmalıdır). Yağ, şeker ve mayayı suyun üzerine serpin ve karışana kadar birkaç kez çalıştırın. Unu ve tuzu ekleyip karışım bir araya gelinceye kadar işleyin. Hamur yumuşak ve hafif yapışkan olmalıdır. Çok yapışkansa, bir seferde 1 çorba kaşığı un ekleyin ve kısa süre nabız atın. Hala çok katıysa 1 yemek kaşığı su ekleyin ve kısa süre çalıştırın. 30 saniye daha işleyin.

b) Hamuru hafifçe unlanmış bir çalışma yüzeyine çevirin. Pürüzsüz, yuvarlak bir top oluşturmak için elle yoğurun. Hamuru zeytinyağıyla kaplanmış büyük, temiz bir kaseye koyun ve plastik ambalajla sıkıca kapatın. Devam etmeden önce fırında 15 dakika kabarmaya bırakın.

c) Küçük bir tencereye 1 su bardağı zeytinyağını ve 6 diş ezilmiş sarımsağı ekleyin. Kaynamaya bırakın, ardından sarımsağın yağı demlemesini ve soğumasını sağlamak için ocaktan alın. Küçük bir kapta ricotta, 2 diş kıyılmış sarımsak, doğranmış kekik ve 2 çay kaşığı doğranmış kekiği birleştirin. Hamuru fırından çıkarın, yumruklayın ve hafifçe unlanmış bir çalışma yüzeyine çevirin. Hamuru dört adet 4 inçlik toplara bölün. Pizza taşını ızgaraya yerleştirin ve gazlı ızgarayı yükseğe ısıtın.

d) Çalışma yüzeyine hafifçe $\frac{1}{4}$ fincan mısır unu serpin. 1 hamur yuvarlakını yavaşça 12" dikdörtgen veya daire şeklinde, $\frac{1}{4}$" kalınlığında yuvarlayın veya gerin. Yaklaşık 2 yemek kaşığı zeytinyağıyla fırçalayın. Pizza kabuğunu mısır unu ile serpin ve ardından hamurun üzerine kaydırın. Topakları bu sırayla hamurun üzerine yerleştirin. fırçayla sarımsak yağı sürün, ardından otlu ricotta ile doldurun, ardından mozzarella, parmesan, Soppressata ve kiraz biberlerini ekleyin.

e) Pizza kabuğunu kullanarak pizzayı sıcak pizza taşının üzerine kaydırın. Kapağı mümkün olduğu kadar çabuk kapatın. Yaklaşık 5-7 dakika veya kabuğun alt kısmı iyice kızarıncaya, üst malzemeler sıcak ve peynir kabarcıklı hale gelinceye kadar yaklaşık 5 ila 10 dakika ızgara yapın.

## 43. Izgara Sebzeli Pizza

## Bileşen

- 1 bardak ılık su (yaklaşık 100 derece F)
- ¼ bardak zeytinyağı 1 ½ çay kaşığı bal
- 1 zarf hızlı yükselen maya
- 3 su bardağı çok amaçlı un, artı gerektiği kadar ekstra
- 1 ½ çay kaşığı koşer tuzu.

## Talimatlar

a) Fırını 150 dereceye veya en düşük ayara kadar önceden ısıtın. Fırın sıcaklığına ulaştığında fırını kapatın. Suyu bir mutfak robotunun veya stand mikserinin çalışma kasesine dökün (her ikisinde de hamur aparatı bulunmalıdır). Yağ, şeker ve mayayı suyun üzerine serpin ve karışana kadar birkaç kez çalıştırın. Unu ve tuzu ekleyip karışım bir araya gelinceye kadar işleyin. Hamur yumuşak ve hafif yapışkan olmalıdır. Çok yapışkansa, her seferinde 1 yemek kaşığı un ekleyin ve kısa süre darbe yapın. Hala çok katıysa 1 yemek kaşığı su ekleyin ve kısa süre çalıştırın. 30 saniye daha işleyin.

b) Hamuru hafifçe unlanmış bir çalışma yüzeyine çevirin, pürüzsüz, yuvarlak bir top oluşturacak şekilde elle yoğurun. Hamuru zeytinyağıyla kaplanmış büyük, temiz bir kaseye koyun ve plastik ambalajla sıkıca kapatın. Devam etmeden önce fırında 15 dakika kabarmaya bırakın. Hamuru fırından çıkarın, delin ve hafifçe unlanmış bir çalışma yüzeyine çevirin.

c) Hamuru dört adet 4 inçlik topa bölün ve pizza yapma talimatlarına devam edin.

## 44. Mozzarella, roka ve limonlu pizza

## Bileşen

- 1 Pizza Hamuru
- 2 su bardağı domates püresi
- 1 diş sarımsak, ezilmiş
- 1 çay kaşığı kurutulmuş kekik
- 1 çay kaşığı domates salçası
- ½ çay kaşığı tuz
- Öğütülmüş karabiber
- ¼ çay kaşığı kırmızı biber gevreği
- 2 su bardağı rendelenmiş mozzarella peyniri
- ½ bardak rendelenmiş Parmigiana
- İsteğe bağlı ama gerçekten güzel
- ½ demet (yaklaşık 2 bardak) roka, temizlenmiş ve kurutulmuş
- ½ limon
- Bir tutam zeytinyağı

## Talimatlar

a) Domates püresini orta boy bir tencereye dökün ve orta ateşte ısıtın. Sarımsak, kekik ve domates salçasını ekleyin. Macunun püreye emildiğinden emin olmak için karıştırın.

b) Kaynamaya bırakın (bu, sosun biraz azalmasına yardımcı olur), ardından ısıyı düşürün ve sosun yapışmadığından emin olmak için karıştırın. Sos 15 dakikada hazır olabilir veya yarım saate kadar daha uzun süre kaynatılabilir. Yaklaşık dörtte bir oranında azalacaktır, bu da pizza başına en az ¾ fincan püre anlamına gelir.

c) Tuzunu tadın ve uygun şekilde baharatlayın ve karabiber ve/veya kırmızı pul biberi ekleyin. Sarımsak dişini çıkarın.

d) Sosu hamur çemberinin ortasına dökün ve plastik bir spatula ile yüzeyi tamamen kaplayana kadar yayın.

e) Mozzarellayı (12 inçlik pizza başına 1 bardak) sosun üzerine yerleştirin. Unutmayın, peynir fırında eridikçe yayılacaktır, bu nedenle pizzanız yeterince peynirle kaplanmamış gibi görünüyorsa endişelenmeyin.
f) Önceden ısıtılmış 500°F fırına yerleştirin ve pizza hamurunda belirtildiği şekilde pişirin.
g) Pizza bittiğinde Parmigiana ve roka (kullanıyorsanız) ile süsleyin. Dilerseniz yeşilliklerin üzerine limon sıkın ve/veya üzerine zeytinyağı gezdirin.

## 45. Meksika pizzası

## Bileşen

- 1/2 lb. kıyma
- 1/2 çay kaşığı tuz
- 1/4 çay kaşığı kurutulmuş kıyılmış soğan
- 1/4 çay kaşığı kırmızı biber
- 1-1/2 çay kaşığı biber tozu
- 2 yemek kaşığı su
- 8 küçük (6 inç çapında) un ekmeği
- 1 bardak Crisco yağı veya yemeklik yağ
- 1 (16 oz.) yeniden kızartılmış fasulye konservesi
- 1/3 bardak doğranmış domates
- 2/3 bardak hafif picante salsa
- 1 su bardağı rendelenmiş kaşar peyniri
- 1 su bardağı rendelenmiş Monterey Jack peyniri
- 1/4 su bardağı doğranmış yeşil soğan
- 1/4 su bardağı dilimlenmiş siyah zeytin

## Talimatlar

a) Kıymayı orta ateşte kahverengileşinceye kadar pişirin, ardından tavadaki fazla yağı boşaltın. Tuz, soğan, kırmızı biber, kırmızı biber tozu ve suyu ekleyin ve karışımın orta ateşte yaklaşık 10 dakika pişmesine izin verin. Sık sık karıştırın.

b) Yağı veya Crisco yağını bir tavada orta-yüksek ateşte ısıtın. Yağ duman çıkarmaya başlarsa çok sıcak demektir. Yağ ısındığında, her tortillayı her tarafı yaklaşık 30-45 saniye kızartın ve kağıt havluların üzerine koyun.

c) Her bir tortillayı kızartırken, tortillanın yağda düz durması için oluşan kabarcıkları patlattığınızdan emin olun. Ekmeğin altın kahverengi olması gerekir. Kızartılmış fasulyeleri küçük bir tavada ocakta veya mikrodalgada ısıtın.

d) Fırını 400F'ye önceden ısıtın. Et ve tortillalar bittiğinde, her bir pizzayı önce bir tortillanın yüzüne yaklaşık 1/3 bardak kızartılmış fasulyeyi yayarak istifleyin. Daha sonra 1/4 ila 1/3 bardak et ve ardından başka bir tortilla yayın.

e) Pizzalarınızın her birine iki yemek kaşığı salsa sürün, ardından domatesleri ikiye bölün ve üstüne istifleyin. Daha sonra peyniri, soğanı ve zeytini bu sırayla istifleyerek bölün.

f) Pizzaları sıcak fırınınıza 8-12 dakika veya peynir eriyene kadar yerleştirin. 4 pizza yapar.

## 46. Mini Pizza Simitleri

## Bileşen
- Mini Simit
- Pizza Sosu
- Rendelenmiş Mozarella Peyniri

## Talimatlar
a) Fırını 400'e önceden ısıtın
b) Simitleri ikiye bölün, sosu her iki yarıya da eşit şekilde yayın, üzerine peynir serpin.
c) 3-6 dakika veya peynir beğeninize göre eriyene kadar pişirin.

## 47.     Muffuletta Pizza

## Bileşen

- 1/2 su bardağı ince kıyılmış kereviz
- 1/3 su bardağı doğranmış yenibahar dolgulu yeşil zeytin
- 1/4 bardak doğranmış pepperoncini
- 1/4 bardak doğranmış kokteyl soğanı
- 1 diş sarımsak, kıyılmış
- 3 yemek kaşığı sızma zeytinyağı
- 2 çay kaşığı kuru İtalyan salata sosu karışımı
- 3 oz. ince dilimlenmiş şarküteri jambonu/salam, doğranmış
- 8 oz. rendelenmiş provolon peyniri
- 2 12" pişmemiş hamur kabukları
- sızma zeytinyağı

## Talimatlar

a) Marine edilmiş zeytin salatası için ilk 7'yi karıştırın ve gece boyunca soğutun. Zeytin salatası, jambon ve peyniri birleştirin. Karışımın 1/2'si ile bir hamur kabuğunun üstüne koyun. Yağ ile gezdirin. Önceden ısıtılmış 500° F fırında pişirin

b) 8-10 dakika veya kabuk altın rengi kahverengi olana ve peynir eriyene kadar. Fırından çıkarın ve dilimler halinde kesip servis etmeden önce tel ızgara üzerinde 2-3 dakika soğutun.

c) Diğer hamur kabuğuyla tekrarlayın.

## 48. Pan pizza

## Bileşen
- Hamur
- 2 yemek kaşığı zeytinyağı
- 1 diş sarımsak, soyulmuş ve kıyılmış
- 2 yemek kaşığı domates salçası
- Tatmak için bir tutam şili gevreği
- 128 ons doğranmış veya ezilmiş domates olabilir
- 2 yemek kaşığı bal veya tadı
- 1 çay kaşığı koşer tuzu veya tadı

## Talimatlar

a) Unu ve tuzu en büyük karıştırma kabınızda birleştirin. Başka bir karıştırma kabında su, tereyağı, zeytinyağı ve mayayı birleştirin. İyice karıştırın.

b) Un karışımının ortasında bir havuz oluşturmak için lastik bir spatula kullanın ve diğer kasedeki sıvıyı buna ekleyin, spatula ile karıştırın ve her şeyi bir araya getirmek için kasenin kenarlarını kazıyın.

c) Büyük, tüylü bir ıslak hamur topu oluşana kadar hepsini karıştırın, plastik ambalajla örtün ve 30 dakika bekletin.

d) Hamurun üzerini açın ve unlu ellerle, eşit şekilde pürüzsüz ve yapışkan hale gelinceye kadar yaklaşık 3 ila 5 dakika yoğurun. Hamur topunu temiz bir karıştırma kabına alın, üzerini streç filmle örtün ve oda sıcaklığında 3 ila 5 saat kabarmaya bırakın, ardından en az 6 saat, en fazla 24 saat buzdolabında saklayın.

e) Pizzayı yapmak istediğiniz sabah, hamuru buzdolabından çıkarın, eşit büyüklükte 3 parçaya bölün (her biri yaklaşık 600 gram) ve bunları dikdörtgen toplar haline getirin. Üç adet 10 inçlik dökme demir tavayı, 8 inç x 10 inçlik yüksek kenarlı pişirme tavalarını, 7 inç x 11 inçlik cam pişirme kaplarını veya bunların bazı kombinasyonlarını yağlamak için zeytinyağı kullanın ve topları yerleştirin. bunların içine.

f) Plastik ambalajla örtün ve oda sıcaklığında 3 ila 5 saat yükselmeye bırakın. karışım parlak ve karamelleşmeye yeni başlıyor.

g) Sosu yap. Orta-düşük ateşe bir tencere koyun ve üzerine 2 yemek kaşığı zeytinyağı ekleyin. Yağ parıldamaya başlayınca kıyılmış sarımsağı ekleyin ve altın rengi ve aromatik hale gelinceye kadar yaklaşık 2 ila 3 dakika karıştırarak pişirin.

h) Domates salçasını ve bir tutam pul biberi ekleyin ve ısıyı orta seviyeye yükseltin. Sık sık karıştırarak pişirin
i) Domatesleri ekleyin, kaynatın, ardından ateşi kısın ve ara sıra karıştırarak 30 dakika pişmeye bırakın.
j) Sosu ocaktan alın ve bal ve tuzu ekleyerek karıştırın, ardından bir daldırma blenderinde karıştırın veya soğumaya bırakın ve normal bir blender kullanın. (Sos önceden hazırlanıp buzdolabında veya dondurucuda saklanabilir. 6 veya daha fazla turta için yeterlidir.)
k) Yaklaşık 3 saat sonra hamurun boyutu neredeyse iki katına çıkacak. Hamuru tavaların kenarlarına doğru çok yavaşça gerin, parmaklarınızla hafifçe çukurlaştırın. Daha sonra hamur, sargıyla örtülü olarak 2 ila 8 saat daha dinlenmeye bırakılabilir.
l) Pizzaları yap. Fırını 450'ye ısıtın. Henüz kenarlara kadar yükselmemişse hamuru yavaşça tavaların kenarlarına doğru çekin. Hamurun üzerine 4 ila 5 yemek kaşığı sos koymak için bir kaşık veya kepçe kullanın, yavaşça tamamen kaplayın. Az nemli mozzarella peynirini turtaların üzerine serpin, ardından üzerlerine taze mozzarella ve pepperoni serpin. Kekik serpin ve biraz zeytinyağı sürün.
m) Dökülenleri yakalamak için pizzaları fırının orta rafına, büyük bir fırın tepsisine veya tabakalara yerleştirin, ardından 15 dakika kadar pişirin. Pizzayı kaldırmak ve alt kısımlarını kontrol etmek için ofset bir spatula kullanın.
n) Pizza, kabuk altın rengine döndüğünde ve peynir eriyip üstü kahverengileşmeye başladığında, yaklaşık 20 ila 25 dakika içinde yapılır.

## 49. Biberli Pizza Biber

## Bileşen

- 2 kilo kıyma
- 1 pound Sıcak İtalyan Sosis Bağlantıları
- 1 büyük soğan, doğranmış
- 1 büyük yeşil biber, doğranmış
- 4 diş sarımsak, kıyılmış
- 1 kavanoz (16 ons) salsa
- 1 kutu (16 ons) sıcak biber fasulyesi, süzülmemiş
- 1 kutu (16 ons) barbunya fasulyesi, durulanmış ve süzülmüş
- 1 kutu (12 ons) pizza sosu
- 1 paket (8 ons) dilimlenmiş biberli, yarıya bölünmüş
- 1 bardak su
- 2 çay kaşığı biber tozu
- 1/2 çay kaşığı tuz
- 1/2 çay kaşığı biber
- 3 bardak (12 ons) rendelenmiş kısım yağsız mozzarella peyniri

## Talimatlar

a) Hollandalı bir fırında, sığır eti, sosis, soğan, yeşil biber ve sarımsağı orta ateşte, et artık pembeleşmeyene kadar pişirin; süzün.

b) Salsa, fasulye, pizza sosu, pepperoni, su, kırmızı biber tozu, tuz ve karabiberi karıştırın. Kaynatın. Isıyı azaltın; örtün.

50.    Fesleğenli pizza

## Bileşen

- 1 1/2 bardak (paketlenmiş) saplı ıspanak yaprakları
- 1/2 bardak (paketlenmiş) taze fesleğen yaprağı (yaklaşık 1 demet)
- 1 1/2 yemek kaşığı yağda paketlenmiş güneşte kurutulmuş domates veya zeytinyağından elde edilen yağ
- 1 büyük diş sarımsak
- Zeytin yağı
- 1 12 inç NY Stili hamur kabuğu
- 1/3 su bardağı dilimlenmiş, süzülmüş, yağla paketlenmiş, güneşte kurutulmuş domates 2 su bardağı rendelenmiş mozzarella peyniri (yaklaşık 8 ons)
- 1 su bardağı rendelenmiş parmesan peyniri

## Talimatlar

a) İlk 4'ü robotta kaba püre haline gelinceye kadar karıştırın. Pestoyu küçük kaseye aktarın. (1 gün önceden hazırlanabilir. Buzdolabını kaplamak için plastiği doğrudan pesto yüzeyine bastırın.) Fırını önceden 500F'ye ısıtın. 12 inçlik pizza tavasını zeytinyağıyla yağlayın.

b) Hamuru tavaya dizin ve pesto sosunun tamamını hamurun üzerine yayın. Güneşte kurutulmuş domatesleri, ardından peynirleri serpin. Kabuğu kızarana ve peynir eriyene kadar pizza pişirin.

## 51. Philly Peynirli Biftek Pizza

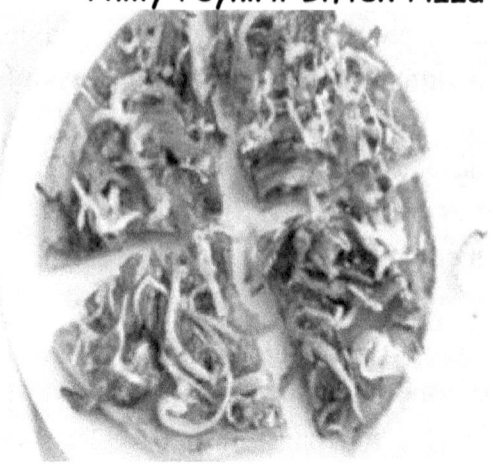

## Bileşen

- 1 Orta Boy Soğan, dilimlenmiş
- 1 Orta Boy Yeşil biber, dilimlenmiş
- 8 oz. Dilimlenmiş mantarlar
- 8 oz. Kızarmış dana eti, traşlanmış
- 3 yemek kaşığı Worcestershire sosu
- 1/4 çay. Karabiber
- 1 Parti Sicilya Kalın Kabuklu Hamur
- 3 Yemek Kaşığı Zeytinyağı
- 1 çay kaşığı Ezilmiş sarımsak
- 4 su bardağı provolon peyniri
- 1/4 su bardağı rendelenmiş parmesan peyniri

## Talimatlar

a) Sebzeleri 1 yemek kaşığı kadar soteleyin. zeytinyağını topallayana kadar kavurun. Üç dakika daha pişirin.
b) Worcestershire sosunu ve biberi ekleyip karıştırın ve ocaktan alın. Bir kenara koyun.
c) Hazırlanan hamura zeytinyağı sürün ve ezilmiş sarımsağı hamurun tüm yüzeyine yayın. Üzerine hafif bir kat rendelenmiş peynir, ardından et/sebze karışımını eşit şekilde dağıtarak ekleyin.
d) Üzerine kalan rendelenmiş peyniri, ardından Parmesan'ı ekleyin. Önceden ısıtılmış 500F fırında peynir eriyip kabarcıklanıncaya kadar pişirin.
e) Kesmeden ve servis yapmadan önce 5 dakika bekletin.

## 52. Yeşil zeytinli pide pizza

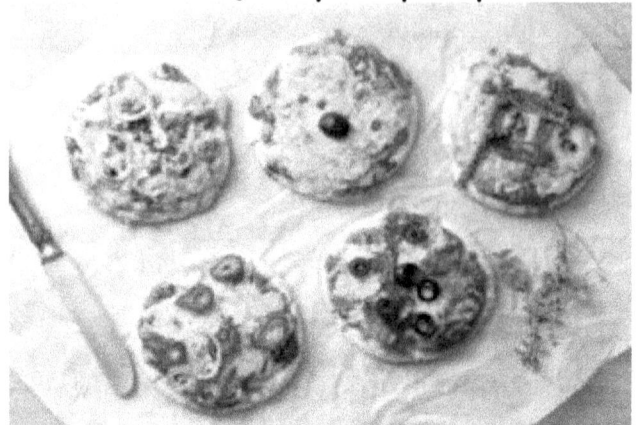

## Bileşen
### Kıyılmış Salata

- 1 diş sarımsak, soyulmuş ve yarıya bölünmüş
- 2 yemek kaşığı balzamik sirke
- 1 küçük kırmızı soğan, ikiye bölünmüş, ince dilimlenmiş
- $\frac{1}{4}$ bardak sızma zeytinyağı
- İri deniz tuzu ve taze karabiber 3 kalp marul, iri doğranmış 4 orta boy Kirby salatalığı, doğranmış
- ısırık büyüklüğünde parçalar
- 2 orta boy domates, çekirdekleri çıkarılmış, çekirdeği çıkarılmış ve doğranmış
- 1 olgun avokado, doğranmış
- 5 adet taze fesleğen yaprağı, parçalara ayrılmış
- 8-10 adet taze nane yaprağı (parçalara ayrılmış)

### Pide Pizza
- 4 (7 inç) cepsiz pide ekmeği
- 8 oz. Monterey Jack peyniri, rendelenmiş
- $\frac{1}{2}$ su bardağı çekirdekleri çıkarılmış ve doğranmış yeşil zeytin
- 2 adet jalapeño biber, kıyılmış Ezilmiş kırmızı biber gevreği Taze öğütülmüş karabiber Garnitür için rendelenmiş Parmesan peyniri

## Talimatlar

a) Fırını önceden 450°F'ye ısıtın.
b) Salatayı hazırlamak için büyük bir kasenin içini sarımsakla kuvvetlice ovalayın. Sirke ve kırmızı soğanı ekleyip 5 dakika bekletin. Yağı çırpın ve tuz ve karabiberle tatlandırın. Marul, salatalık, domates, avokado, fesleğen ve naneyi ekleyip iyice karıştırın.
c) Pideleri gerekirse gruplar halinde ısıtılmış pizza taşı veya tavada 3 dakika pişirin. Küçük bir kapta peyniri, zeytinleri ve jalapeno'yu birleştirin. Bu karışımı dört pideye paylaştırın.
d) Pideleri ikişer ikişer fırına verin ve peynir köpürene ve hafifçe kızarana kadar yaklaşık 5 dakika pişirin. Salatayı pizzaların üzerine dökün, üzerine Parmesan peyniri serpin ve servis yapın.
e) Pide ekmeğini sosla YAYIN. İsterseniz ekstra sarımsak tozu ve kekik EKLEYİN. Daha sonra seçtiğiniz malzemeleri EKLEYİN! Doğranmış domates, soğan, biber, kabak veya sarı kabak, hepsi lezzetli ve besleyicidir!
f) 400°'de 10 dakika pişirin.

## 53. Pizza Burger

**Bileşen**
- 1 lb. kıyma
- 1/4 c doğranmış zeytin
- 1 su bardağı çedar peyniri
- 1/2 ton sarımsak tozu
- 1 8 oz. domates sosu olabilir mi
- 1 soğan, doğranmış

**Talimatlar**
a) Eti sarımsak ve soğanla kahverengileştirin.
b) Ateşten alıp domates sosu ve zeytinleri ekleyip karıştırın.
c) Peynirli sosisli çöreklerin içine yerleştirin.
d) Folyoya sarın ve 350 derecede 15 dakika pişirin.

## 54. Öğle Yemeği Kutusu Pizza

## Bileşen

- 1 adet pide yuvarlak
- 1 çay kaşığı zeytinyağı
- 3 yemek kaşığı pizza sosu
- 1/2 C. rendelenmiş mozzarella peyniri
- 1/4 C. dilimlenmiş crimini mantarı
- 1/8 çay kaşığı sarımsak tuzu

## Talimatlar

a) Izgaranızı orta-yüksek ısıya ayarlayın ve ızgara ızgarasını yağlayın.
b) Yağı ve pizza sosunu pide ekmeğinin bir tarafına eşit şekilde dağıtın.
c) Mantarları ve peyniri sosun üzerine koyun ve her şeye sarımsak tuzunu serpin.
d) Pide ekmeğini mantarlı tarafı yukarı gelecek şekilde ızgaraya dizin.
e) Kapağını kapatıp ızgarada yaklaşık 5 dakika pişirin.

## 55. Soğutulmuş Meyveli İkram

**Bileşen**
- 1 (18 oz.) paket soğutulmuş şekerli kurabiye hamuru
- 1 (7 oz.) kavanoz hatmi kreması
- 1 (8 oz.) paket krem peynir, yumuşatılmış

**Talimatlar**

a) Başka bir şey yapmadan önce fırınınızı 350 derece F'ye ayarlayın.
b) Hamuru yaklaşık 1/4-inç kalınlığında orta bir fırın tepsisine yerleştirin.
c) Her şeyi fırında yaklaşık 10 dakika pişirin.
d) Her şeyi fırından çıkarın ve soğuması için bir kenara koyun.
e) Bir kapta krem peyniri ve marshmallow kremasını karıştırın.
f) Krem peynirli karışımı hamurun üzerine yayın ve servis yapmadan önce buzdolabında soğumaya bırakın.

## 56. Dumanlı Pizza

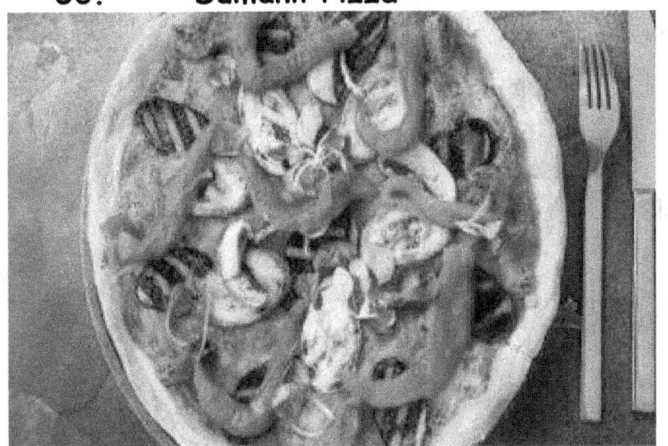

**Bileşen**
- 3 1/2 C. çok amaçlı un
- Pizza Kabuğu Mayası
- 1 Yemek kaşığı şeker
- 1 1/2 çay kaşığı tuz
- 1 1/3 C. çok ılık su (120 derece ila 130 derece F)
- 1/3 C. yağ
- Yuvarlamak için ilave un
- Izgara için ilave yağ
- Pizza Sosu
- İsteğe göre diğer malzemeler
- Rendelenmiş mozarella peyniri

**Talimatlar**

a) Izgaranızı orta-yüksek ısıya ayarlayın ve ızgara ızgarasını yağlayın.
b) Büyük bir kapta 2 C. un, maya, şeker ve tuzu karıştırın.
c) Yağ ve suyu ekleyip iyice birleşene kadar karıştırın.
d) Yavaş yavaş kalan unu ekleyin ve hafif ele yapışan bir hamur oluşana kadar karıştırın.
e) Hamuru unlu bir yüzeye koyun ve elastik hale gelinceye kadar yoğurun.
f) Hamuru 8 parçaya bölün ve her parçayı unlanmış bir yüzeyde yaklaşık 8 inçlik daire şeklinde yuvarlayın.
g) Her kabuğun her iki tarafını da biraz ekstra yağla kaplayın.
h) Bütün kabukları ızgarada yaklaşık 3-4 dakika pişirin.
i) Kabuğu ızgara tarafı yukarı bakacak şekilde pürüzsüz bir yüzeye aktarın.
j) Her kabuğun üzerine ince bir tabaka pizza sosunu eşit şekilde yayın.
k) Dilediğiniz malzemeleri ve peyniri sosun üzerine koyun ve peynir eriyene kadar her şeyi ızgarada pişirin.

## 57. Tatlı Dişli Pizza

**Bileşen**
- 1 (18 oz.) paket soğutulmuş şekerli kurabiye hamuru
- 1 (8 oz.) kap dondurulmuş çırpılmış sos, çözülmüş
- 1/2 C. dilimlenmiş muz
- 1/2 C. dilimlenmiş taze çilek
- 1/2 C. ezilmiş ananas, suyu süzülmüş
- 1/2 C. çekirdeksiz üzüm, yarıya bölünmüş

**Talimatlar**

a) Başka bir şey yapmadan önce fırınınızı 350 derece F'ye ayarlayın.
b) Hamuru 12 inçlik bir pizza tavasına yerleştirin.
c) Her şeyi fırında yaklaşık 15-20 dakika pişirin.
d) Her şeyi fırından çıkarın ve soğuması için bir kenara koyun.
e) Çırpılmış sosları kabuğun üzerine yayın ve dilediğiniz desende meyveleri üzerine ekleyin.
f) Servis yapmadan önce soğuması için buzdolabında saklayın.

## 58. Eşsiz Pizza

**Bileşen**
- 1 (10 oz.) buzdolabında soğutulmuş pizza hamuru hamuru
- 1 C. humus yayıldı
- 1 1/2 C. dilimlenmiş dolmalık biber, herhangi bir renk
- 1 C. brokoli çiçeği
- 2 C. rendelenmiş Monterey Jack peyniri

**Talimatlar**
a) Başka bir şey yapmadan önce fırınınızı 475 derece F'ye ayarlayın.
b) Hamuru pizza tavasına yerleştirin.
c) Kabuğun üzerine ince bir humus tabakasını eşit şekilde yerleştirin ve her şeyin üzerine brokoli ve biberleri ekleyin.
d) Pizzanın üzerine peynir serpin ve her şeyi fırında 10-15 dakika kadar pişirin.

## 59. Esnaf Pizza

**Bileşen**
- 1 (12 inç) önceden pişirilmiş pizza kabuğu
- 1/2 C pesto
- 1 olgun domates, doğranmış
- 1/2 C. doğranmış yeşil biber
- 1 (2 oz.) kutu doğranmış siyah zeytin, süzülmüş
- 1/2 küçük kırmızı soğan, doğranmış
- 1 (4 oz.) konserve enginar kalbi, suyu süzülmüş ve dilimlenmiş
- 1 C. ufalanmış beyaz peynir

**Talimatlar**
a) Başka bir şey yapmadan önce fırınınızı 450 derece F'ye ayarlayın.
b) Hamuru pizza tavasına yerleştirin.
c) Kabuğun üzerine ince bir pesto tabakasını eşit şekilde yerleştirin ve üzerine sebzeleri ve beyaz peyniri ekleyin.
d) Pizzanın üzerine peynir serpin ve her şeyi fırında 8-10 dakika kadar pişirin.

## 60. Pepperoni Pizza Dip

**Bileşen**
- 1 (8 oz.) paket krem peynir, yumuşatılmış
- 1 (14 oz.) kutu pizza sosu
- 1/4 lb. biberli sosis, doğranmış
- 1 soğan, doğranmış
- 1 (6 oz.) kutu siyah zeytin, doğranmış
- 2 C. rendelenmiş mozzarella peyniri

**Talimatlar**
a) Başka bir şey yapmadan önce fırınınızı 400 derece F'ye ayarlayın ve 9 inçlik pasta tepsisini yağlayın.
b) Hazırladığınız tart kalıbının tabanına krem peyniri koyun ve üzerine pizza sosunu dökün.
c) Üstüne zeytin, sucuk ve soğanı ekleyin ve üzerine mozzarella peyniri serpin.
d) Her şeyi fırında yaklaşık 20-25 dakika pişirin.

## 61. Ton Balıklı Pizza

## Bileşen
- 1 (8 oz.) paket krem peynir, yumuşatılmış
- 1 (14 oz.) paket önceden pişirilmiş pizza kabuğu
- 1 (5 oz.) konserve ton balığı, süzülmüş ve pul pul dökülmüş
- 1/2 C. ince dilimlenmiş kırmızı soğan
- 1 1/2 C. rendelenmiş mozzarella peyniri
- ezilmiş kırmızı biber gevreği veya tadı

## Talimatlar
a) Başka bir şey yapmadan önce fırınınızı 400 derece F'ye ayarlayın.
b) Krem peynirini önceden pişirilmiş kabuğun üzerine yayın.
c) Kabuğun üzerine ton balığı ve soğanı ekleyin ve üzerine mozzarella peyniri ve kırmızı pul biber serpin.
d) Her şeyi fırında yaklaşık 15-20 dakika pişirin.

## 62. Pizza Aromalı Tavuk

**Bileşen**
- 1/2 C. İtalyan baharatlı ekmek kırıntıları
- 1/4 C. rendelenmiş Parmesan peyniri
- 1 çay kaşığı tuz
- 1 çay kaşığı öğütülmüş karabiber
- 1/2 C. çok amaçlı un
- 1 yumurta
- 1 Yemek kaşığı limon suyu
- 2 derisiz, kemiksiz yarım tavuk göğsü
- 1/2 C. pizza sosu, bölünmüş
- 1/2 C. rendelenmiş mozzarella peyniri, bölünmüş
- 4 dilim biberli veya isteğe göre bölünmüş

**Talimatlar**

a) Başka bir şey yapmadan önce fırınınızı 400 derece F'ye ayarlayın.
b) Sığ bir tabağa limon suyu ve yumurtayı ekleyip iyice çırpın.
c) İkinci bir sığ kaseye unu koyun.
d) Üçüncü bir kapta Parmesan, galeta unu, tuz ve karabiberi karıştırın.
e) Her bir tavuk göğsünü yumurtalı karışıma bulayın ve unlu karışıma bulayın.
f) Tavukları tekrar yumurtalı karışıma batırıp galeta unlu karışıma bulayın.
g) Tavuk göğüslerini bir fırın tepsisine yerleştirin ve hepsini fırında yaklaşık 20 dakika pişirin.
h) Her tavuk göğsünün üzerine yaklaşık 2 yemek kaşığı pizza sosu koyun ve üzerine peynir ve biberli dilimleri eşit şekilde koyun.
i) Her şeyi fırında yaklaşık 10 dakika pişirin.

63. kahvaltı pizzası

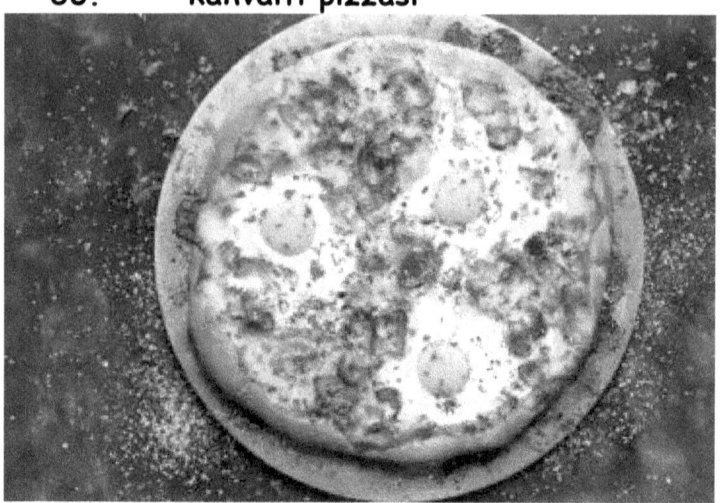

**Bileşen**
- 2/3 C. ılık su
- 1 (0,25 oz.) paket hazır maya
- 1/2 çay kaşığı tuz
- 1 çay kaşığı beyaz şeker
- 1/4 çay kaşığı kurutulmuş kekik
- 1 3/4 C. çok amaçlı un
- 6 dilim pastırma, doğranmış
- 1/2 C. yeşil soğan, ince dilimlenmiş
- 6 yumurta, dövülmüş
- tatmak için biber ve tuz
- 1/2 C. pizza sosu
- 1/4 C. rendelenmiş Parmesan peyniri
- 2 oz. ince dilimlenmiş salam

## Talimatlar

a) Başka bir şey yapmadan önce fırınınızı 400 F'ye ayarlayın ve pizza tepsisini hafifçe yağlayın.
b) Bir kaseye su, şeker, maya, kekik ve tuzu ekleyin ve tamamen eriyene kadar karıştırın.
c) Yaklaşık 1 C. un ekleyin ve iyice karıştırın.
d) Kalan unu ekleyin ve iyice karıştırın.
e) Kaseyi plastik bir ambalajla örtün ve yaklaşık 10-15 dakika bekletin.
f) Büyük bir tavayı orta ateşte ısıtın ve pastırmayı tamamen kızarana kadar pişirin.
g) Yeşil soğanları ekleyip yaklaşık 1 dakika karıştırarak kavurun.
h) Yumurtaları ekleyin ve çırpılmış yumurtalar hazır olana kadar karıştırarak pişirin.
i) Tuz ve karabiberi ekleyip karıştırın.
j) Pizza sosunu hamurun üzerine sürün ve hamuru hazırlanan pizza tepsisine yerleştirin.
k) Üzerine pastırma, yumurta, Parmesan ve salamı ekleyin ve her şeyi fırında 20-25 dakika kadar pişirin.

## 64. Bahçe Taze Pizza

## Bileşen

- 2 (8 oz.) paket soğutulmuş hilal ruloları
- 2 (8 oz.) paket krem peynir, yumuşatılmış
- 1/3 C. mayonez
- 1 (1,4 oz.) paket kuru sebze çorbası karışımı
- 1 C. turp, dilimlenmiş
- 1/3 C. doğranmış yeşil dolmalık biber
- 1/3 C. doğranmış kırmızı dolmalık biber
- 1/3 C. doğranmış sarı dolmalık biber
- 1 C. brokoli çiçeği
- 1 C. karnabahar çiçeği
- 1/2 C. doğranmış havuç
- 1/2 C. doğranmış kereviz

## Talimatlar

a) Başka bir şey yapmadan önce fırınınızı 400 derece F'ye ayarlayın.
b) 11x14 inçlik jöle rulo tepsisinin alt kısmına hilal rulo hamurunu yayın.
c) Bir kabuk oluşturmak için dikiş yerlerini parmaklarınızla sıkıştırın.
d) Her şeyi fırında yaklaşık 10 dakika pişirin.
e) Her şeyi fırından çıkarın ve tamamen soğuması için bir kenara koyun.
f) Bir kapta mayonez, krem peynir ve sebze çorbası karışımını karıştırın.
g) Mayonez karışımını kabuğun üzerine eşit şekilde yerleştirin ve her şeyi sebzelerle eşit şekilde doldurun ve yavaşça mayonez karışımına bastırın.
h) Plastik ambalajla pizzayı örtün ve gece boyunca buzdolabında saklayın.

## 65. Pizza Kabukları

## Bileşen

- 2 (28 oz.) kutu ezilmiş domates
- 2 Yemek kaşığı kanola yağı
- 2 Yemek kaşığı kurutulmuş kekik
- 1 çay kaşığı kurutulmuş fesleğen
- 1 çay kaşığı beyaz şeker
- 1 (12 oz.) kutu jumbo makarna kabuğu
- 1 (6 oz.) dilimlenmiş mantar konservesi, süzülmüş
- 1/2 yeşil dolmalık biber, doğranmış
- 1/2 soğan, doğranmış
- 2 C. rendelenmiş Monterey Jack peyniri
- 1 (6 oz.) paket dilimlenmiş mini biberli

## Talimatlar

a) Bir tavaya ezilmiş domatesi, fesleğen, kekik, şeker ve yağı ekleyip iyice karıştırın.
b) Tavayı kapatın ve kaynatın.
c) Isıyı en aza indirin ve yaklaşık 30 dakika pişirin.
d) Fırınınızı 350 derece F'ye ayarlayın.
e) Hafif tuzlu kaynar su dolu büyük bir tavada, makarna kabuklarını ara sıra karıştırarak yaklaşık 10 dakika pişirin.
f) İyice süzün ve bir kenarda bekletin.
g) Bir kapta yeşil biberi, soğanı ve mantarı karıştırın.
h) Her kabuğa yaklaşık 1 çay kaşığı domates sosu koyun ve soğan karışımını ve yaklaşık 1 yemek kaşığı Monterey Jack peynirini serpin.
i) 13x9 inçlik bir pişirme kabında, kabukları yan yana ve dokunacak şekilde düzenleyin ve her kabuğun üzerine mini biberli dilimler yerleştirin.
j) Her şeyi fırında yaklaşık 30 dakika pişirin.

## 66. Sıcak İtalyan Tavada Pizza

**Bileşen**
- 1 Yemek kaşığı zeytinyağı
- 1 İspanyol soğanı, ince dilimlenmiş
- 1 yeşil dolmalık biber, ince dilimlenmiş
- 1 (3,5 oz.) bağlantı sıcak İtalyan sosisi, dilimlenmiş
- 1/4 C. dilimlenmiş taze mantar veya tadına göre daha fazla
- 1 dilim hazırlanmış polenta, 4x4 inçlik parçaya kesilmiş
- 1/4 C. spagetti sosu veya gerektiği gibi
- 1 oz. rendelenmiş mozarella peyniri

**Talimatlar**
a) Büyük bir tavada yağı orta ateşte ısıtın ve sosis, dolmalık biber, mantar ve soğanı 10-15 dakika kadar soteleyin.
b) Karışımı geniş bir kaseye aktarın.
c) Aynı tavaya polentayı ekleyin ve her iki tarafını da yaklaşık 5 dakika pişirin.
d) Polentanın üzerine sosis karışımını, ardından spagetti sosunu ve mozzarella peynirini ekleyin.
e) Yaklaşık 5-10 dakika pişirin.

## 67. New Orleans Usulü Pizza

## Bileşen

- 8 adet jumbo siyah zeytin, çekirdekleri çıkarılmış
- 8 adet çekirdeği çıkarılmış yeşil zeytin
- 2 Yemek kaşığı kıyılmış kereviz
- 2 Yemek kaşığı doğranmış kırmızı soğan
- 2 diş kıyılmış sarımsak
- 6 yaprak doğranmış taze fesleğen
- 1 Yemek kaşığı kıyılmış taze maydanoz
- 2 yemek kaşığı zeytinyağı
- 1/2 çay kaşığı kurutulmuş kekik
- tatmak için tuz ve taze çekilmiş karabiber
- 1 (16 oz.) paket hazır pizza kabuğu
- 1 Yemek kaşığı zeytinyağı
- Tatmak için 1/2 çay kaşığı sarımsak tozu ve tatmak için tuz
- 2 oz. mozzarella peyniri ve 2 oz. provolone peyniri
- 2 oz. Rendelenmiş parmesan peyniri
- 2 oz. ince dilimlenmiş sert salam, şeritler halinde kesilmiş
- 2 oz. ince dilimlenmiş mortadella, şeritler halinde kesilmiş
- 115 gram. ince dilimlenmiş prosciutto, şeritler halinde kesilmiş

## Talimatlar

a) Bir kapta zeytin, soğan, kereviz, sarımsak, taze otlar, kurutulmuş kekik, tuz, karabiber ve yağı karıştırın.
b) Kullanmadan önce soğuması için örtün ve soğutun.
c) Fırınınızı 500 derece F'ye ayarlayın.
d) Pizza kabuğunu yağla fırçalayın ve sarımsak tozu ve tuzu serpin.
e) Pizza kabuğunu fırın rafının üzerine yerleştirin ve her şeyi fırında yaklaşık 5 dakika pişirin.

f) Her şeyi fırından çıkarın ve tamamen soğuması için bir kenara koyun.
g) Şimdi fırını piliç moduna ayarlayın.
h) Bir kapta geri kalanların hepsini karıştırın.
i) Zeytin karışımını ekleyin ve birleştirmek için karıştırın.
j) Karışımı kabuğun üzerine eşit şekilde yerleştirin ve ızgaranın altında yaklaşık 5 dakika pişirin.
k) Yemeği istediğiniz dilimlere kesip servis yapın.

## 68. Perşembe Gecesi Pizzası

## Bileşen

- 10 sıvı oz. ılık su
- 3/4 çay kaşığı tuz
- 3 Yemek kaşığı bitkisel yağ
- 4 C. çok amaçlı un
- 2 çay kaşığı aktif kuru maya
- 1 (6 oz.) kutu domates salçası
- 3/4 C. su
- 1 (1,25 oz.) paket taco baharat karışımı, bölünmüş
- 1 çay kaşığı biber tozu
- 1/2 çay kaşığı acı biber
- 1 (16 oz.) kutu yağsız yeniden kızartılmış fasulye
- 1/3 C salsa
- 1/4 C. doğranmış soğan
- 1/2 lb. kıyma
- 4 C. rendelenmiş kaşar peyniri

## Talimatlar

a) Ekmek makinesine üreticinin önerdiği sıraya göre su, tuz, yağ, un ve mayayı ekleyin.
b) Hamur döngüsünü seçin.
c) Birkaç dakika sonra hamuru kontrol edin.
d) Çok kuruysa ve yavaş karışmıyorsa, karışana ve güzel, esnek bir hamur kıvamına gelinceye kadar her seferinde 1 yemek kaşığı su ekleyin.
e) Bu arada küçük bir kapta domates salçasını, taco baharat karışımı paketinin 3/4'ünü, kırmızı biberi, toz biberi ve suyu karıştırın.
f) Başka bir kapta salsa, kızartılmış fasulye ve soğanı karıştırın.
g) Büyük bir tavayı ısıtın ve kıymayı tamamen kızarana kadar pişirin.
h) Fazla yağı tavadan boşaltın.

i) Geriye kalan 1/4 paket taco baharatını ve az miktarda suyu ekleyip birkaç dakika pişirin.
j) Her şeyi ocaktan alın.
k) Devam etmeden önce fırınınızı 400 derece F'ye ayarlayın.
l) Hamur döngüsü bittikten sonra hamuru makineden çıkarın.
m) Hamuru 2 parçaya bölün ve 12 inçlik iki tavaya yerleştirin.
n) Her bir hamurun üzerine bir kat fasulye karışımını, ardından da bir kat domates salçası karışımını, dana eti karışımını ve kaşar peynirini sürün.
o) Her şeyi fırında yaklaşık 10-15 dakika pişirin, pişirme süresinin yarısına gelindiğinde çevirin.

## 69.     Karışık Sebzeli Pizza

**Bileşen**
- 1 Yemek kaşığı zeytinyağı
- 1 (12 oz.) torba karışık sebze
- 1 (10 oz.) önceden pişirilmiş tam buğdaylı pizza kabuğu
- 1 C. hazırlanmış pizza sosu
- 1 oz. dilimlenmiş biber
- 1 C. rendelenmiş mozzarella peyniri

**Talimatlar**

a) Başka bir şey yapmadan önce fırınınızı 450 derece F'ye ayarlayın.
b) Büyük yapışmaz bir tavada yağı orta-yüksek ateşte ısıtın ve karışık sebzeleri ara sıra karıştırarak yaklaşık 10 dakika pişirin.
c) Pizza kabuğunu bir fırın tepsisine yerleştirin.
d) Pizza sosunu kabuğun üzerine eşit şekilde yayın ve üzerine sebze karışımı, pepperoni ve mozzarella peyniri ekleyin.
e) Her şeyi fırında yaklaşık 10 dakika pişirin

## 70. Hamburger Pizzası

**Bileşen**
- 8 hamburger ekmeği, bölünmüş
- 1 lb. kıyma
- 1/3 C. soğan, doğranmış
- 1 (15 oz.) kutu pizza sosu
- 1/3 C. rendelenmiş Parmesan peyniri
- 2 1/4 çay kaşığı İtalyan baharatı
- 1 çay kaşığı sarımsak tozu
- 1/4 çay kaşığı soğan tozu
- 1/8 çay kaşığı ezilmiş kırmızı biber gevreği
- 1 çay kaşığı kırmızı biber
- 2 C. rendelenmiş mozzarella peyniri

**Talimatlar**
a) Fırını piliç konumuna getirin ve fırın rafını ısıtma elemanından yaklaşık 6 inç uzağa yerleştirin.
b) Bir fırın tepsisine, çöreklerin yarısını, kabuk tarafı aşağı bakacak şekilde yerleştirin ve her şeyi ızgaranın altında yaklaşık 1 dakika pişirin.
c) Şimdi fırını 350 derece F'ye ayarlayın.
d) Büyük bir tavayı orta ateşte ısıtın ve eti yaklaşık 10 dakika pişirin.
e) Fazla yağı tavadan boşaltın.
f) Soğanı karıştırın ve yaklaşık 5 dakika boyunca her şeyi karıştırarak kızartın.
g) Mozzarella peyniri dışında kalanları ekleyip kaynatın.
h) Ara sıra karıştırarak 10-15 dakika kadar pişirin.
i) Çörekleri bir fırın tepsisine yerleştirin ve üzerine sığır eti karışımı ve mozzarella peynirini eşit şekilde dökün.
j) Her şeyi fırında yaklaşık 10 dakika pişirin.

## 71. Kremalı Pizza

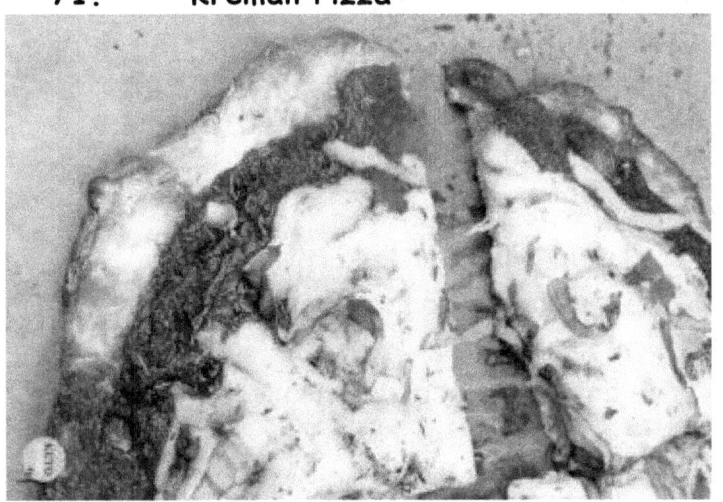

**Bileşen**
- 1 lb. öğütülmüş sosis
- 2 (12 inç) hazırlanmış pizza kabuğu
- 12 yumurta
- 3/4 C. süt
- tatmak için biber ve tuz
- 1 kutu yoğunlaştırılmış kremalı kereviz çorbası
- 1 (3 oz.) konserve pastırma parçaları
- 1 küçük soğan, kıyılmış
- 1 küçük yeşil dolmalık biber, doğranmış
- 4 C. rendelenmiş kaşar peyniri

**Talimatlar**

a) Başka bir şey yapmadan önce fırınınızı 400 derece F'ye ayarlayın.
b) Büyük bir tavayı orta-yüksek ateşte ısıtın ve sosisleri tamamen kızarana kadar pişirin.
c) Sosisleri kağıt havluyla kaplı bir tabağa aktarın, ardından süzün ve ufalayın.
d) Bu arada bir kaseye süt, yumurta, tuz ve karabiberi ekleyip iyice çırpın.
e) Aynı sosis tavasında yumurtaları tamamen katılaşana kadar karıştırın.
f) Pizza kabuklarını kurabiye kağıtlarının üzerine baş aşağı yerleştirin ve hepsini fırında 5-7 dakika kadar pişirin.
g) Kabukları fırından çıkarın ve ters tarafını yukarı çevirin.
h) Her kabuğun üzerine yaklaşık 1/2 kutu kremalı kereviz çorbası sürün.
i) Her kabuğa 1/2 yumurta karışımı koyun.
j) Pastırma parçalarını 1 pizzanın üzerine yerleştirin ve diğer pizzanın üzerine ufalanmış sosis ekleyin.
k) Her pizzanın üzerine soğan, biber ve 2 bardak peynir koyun.
l) Her şeyi fırında yaklaşık 25-30 dakika pişirin.

## 72.　　Roma Fontina Pizza

## Bileşen

- 1/4 C. zeytinyağı
- 1 Yemek kaşığı kıyılmış sarımsak
- 1/2 çay kaşığı deniz tuzu
- 8 adet Roma domatesi, dilimlenmiş
- 2 (12 inç) önceden pişirilmiş pizza kabuğu
- 8 oz. rendelenmiş Mozzarella peyniri
- 115 gram. rendelenmiş Fontina peyniri
- 10 adet taze fesleğen yaprağı, doğranmış
- 1/2 C. taze rendelenmiş Parmesan peyniri
- 1/2 C. ufalanmış beyaz peynir

## Talimatlar

a) Başka bir şey yapmadan önce fırınınızı 400 derece F'ye ayarlayın.

b) Bir kapta domatesi, sarımsağı, yağı ve tuzu karıştırıp 15 dakika kadar bir kenarda bekletin.

c) Her pizza kabuğunu bir miktar domates turşusuyla kaplayın.

d) Her şeyin üstüne Mozzarella ve Fontina peynirlerini, ardından domates, fesleğen, Parmesan ve beyaz peyniri ekleyin.

## 73. Baharatlı Ispanaklı Tavuklu Pizza

## Bileşen
- 1 C. ılık su
- 1 Yemek kaşığı beyaz şeker
- 1 (0,25 oz.) paket aktif kuru maya
- 2 Yemek kaşığı bitkisel yağ
- 3 C. çok amaçlı un
- 1 çay kaşığı tuz
- 6 dilim pastırma
- 6 Yemek kaşığı tereyağı
- 2 diş sarımsak, kıyılmış
- 1 1/2 C. ağır krema
- 2 yumurta sarısı
- 1/2 C. taze rendelenmiş Parmesan peyniri
- 1/2 C. taze rendelenmiş Romano peyniri
- 1/8 çay kaşığı öğütülmüş hindistan cevizi
- 1/2 çay kaşığı kırmızı biber
- 1/4 çay kaşığı acı biber
- 1/4 çay kaşığı öğütülmüş kimyon
- 1/4 çay kaşığı ufalanmış kurutulmuş kekik
- 1/8 çay kaşığı tuz
- 1/8 çay kaşığı öğütülmüş beyaz biber
- 1/8 çay kaşığı soğan tozu
- 2 derisiz, kemiksiz yarım tavuk göğsü
- 1 Yemek kaşığı bitkisel yağ
- 1 C. rendelenmiş mozzarella peyniri
- 1/2 C. körpe ıspanak yaprakları
- 3 yemek kaşığı taze rendelenmiş parmesan peyniri
- 1 roma domates, doğranmış

## Talimatlar
a) Hamur kancası takılı büyük bir stand mikserinin çalışma kabına su, şeker, maya ve 2 yemek kaşığı bitkisel yağı ekleyin ve düşük hızda birkaç saniye karıştırın.

b) Mikseri durdurup un ve tuzu ekleyip mikseri tekrar düşük devirde çalıştırıp un karışımı maya karışımıyla tamamen karışıncaya kadar karıştırın.
c) Şimdi hızı orta-düşük seviyeye getirin ve hamuru yaklaşık 10 ila 12 dakika makinede yoğurun.
d) Hamur kasenin kenarlarına yapışırsa ara sıra un serpin.
e) Hamuru top haline getirin ve her şeyi yağlanmış bir kaseye koyun ve kasedeki hamuru, yağın eşit şekilde kaplanması için birkaç kez çevirin.
f) Hamurun üzerini havluyla kapatıp sıcak bir yerde en az 30 dakika ila 1 saat kadar bekletin.
g) Büyük bir tavayı orta-yüksek ateşte ısıtın ve pastırmayı tamamen kızarana kadar pişirin.
h) Pastırmayı süzülmesi için kağıt havluyla kaplı bir tabağa aktarın ve ardından doğrayın.
i) Büyük bir tavada tereyağını orta ateşte eritin ve sarımsakları 1 dakika kadar soteleyin.
j) Kremayı ve yumurta sarısını ekleyip pürüzsüz olana kadar çırpın.
k) Yaklaşık 1/2 C. Parmesan peyniri, Romano peyniri, küçük hindistan cevizi ve tuzu karıştırın ve kısık ateşte hafif bir kaynamaya getirin.
l) Sürekli karıştırarak yaklaşık 3-5 dakika pişirin.
m) Her şeyi ocaktan alın ve bir kenara koyun.
n) Devam etmeden önce fırınınızı 350 derece F'ye ayarlayın.
o) Bir kapta kekik, kimyon, kırmızı biber, kırmızı biber, soğan tozu, 1/8 çay kaşığı tuz ve beyaz biberi karıştırın.
p) Her tavuk göğsünün bir tarafını baharat karışımıyla eşit şekilde ovalayın.
q) Bir tavada 1 yemek kaşığı bitkisel yağı yüksek ateşte ısıtın ve tavuk göğüslerini baharatlı tarafıyla yaklaşık 1 dakika kadar kızartın.

r) Tavuk göğüslerini fırın tepsisine aktarın.
s) Her şeyi fırında yaklaşık 5-10 dakika veya tamamen pişene kadar pişirin.
t) Her şeyi fırından çıkarın ve dilimler halinde kesin.
u) Pizza hamurunu unlu bir yüzeye yerleştirin ve bastırın, ardından yuvarlayın.
v) Pizza kabuğunu ağır bir fırın tepsisine yerleştirin.
w) Bir çatalla kabuğa birkaç delik açın ve her şeyi fırında 5-7 dakika kadar pişirin.
x) Her şeyi fırından çıkarın ve Alfredo sosunu kabuğun üzerine eşit şekilde yerleştirin, ardından mozzarella peyniri, tavuk dilimleri, ıspanak yaprakları, domuz pastırması ve 3 yemek kaşığı Parmesan peyniri ekleyin.
y) Her şeyi fırında yaklaşık 15-20 dakika pişirin.
z) Üzerine doğranmış Roma domatesleri serperek servis yapın.

## 74. Paskalya için pizza

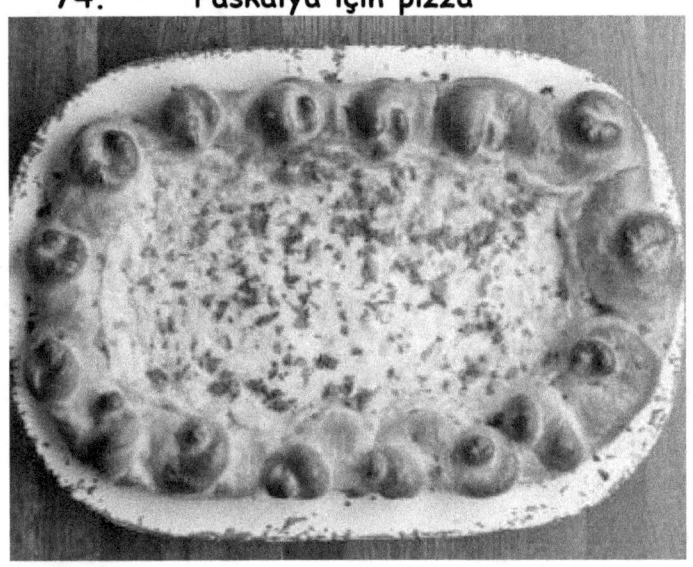

## Bileşen

- 1/2 lb. toplu İtalyan sosisi
- zeytin yağı
- 1 (1 lb.) somun dondurulmuş ekmek hamuru, çözülmüş
- 1/2 lb. dilimlenmiş mozzarella peyniri
- 1/2 lb. dilimlenmiş pişmiş jambon
- 1/2 lb. dilimlenmiş provolon peyniri
- 1/2 lb. dilimlenmiş salam
- 1/2 lb. dilimlenmiş biberli
- 1 (16 oz.) kap ricotta peyniri
- 1/2 C. rendelenmiş Parmesan peyniri
- 8 yumurta, dövülmüş
- 1 yumurta
- 1 çay kaşığı su

## Talimatlar

a) Büyük bir tavayı orta ateşte ısıtın ve sosisleri yaklaşık 5-8 dakika pişirin.
b) Tavadaki fazla yağı boşaltın ve sosisleri bir kaseye aktarın.
c) Fırınınızı 350 derece F'ye ayarlayın ve 10 inçlik yaylı köpük tavayı zeytinyağıyla yağlayın.
d) Ekmekten hamurun 1/3'ünü kesip bir bez altında bekletin.
e) Hamurun kalan 2/3'ünü top haline getirin ve unlanmış bir yüzeye yerleştirin, ardından 14 inçlik bir daire şeklinde yuvarlayın.
f) Hamuru hazırlanan yaylı tavaya yerleştirin ve hamurun kenardan her tarafı 2 inç kadar sarkmasını sağlayın.
g) Kabuğun üzerine pişmiş sosisin yarısını, ardından mozzarella peynirinin yarısını, jambonun yarısını, provolon peynirinin yarısını, salamın yarısını ve sucukların yarısını yerleştirin.

h) Her şeyin üstüne ricotta peyniri ekleyin, ardından ricotta'nın üzerine Parmesan peynirinin yarısını ve çırpılmış yumurtaların yarısını ekleyin.
i) Tüm katmanları bir kez tekrarlayın.
j) Kalan ekmek hamuru parçasını 12 inçlik bir daireye açın.
k) Üst kabuğu oluşturmak için parçayı pizza pastasının üzerine yerleştirin ve yuvarlayın, ardından alt kabuğun çıkıntısını üst kabuğun üzerine sıkıştırarak dolguyu kapatın.
l) Küçük bir kapta 1 yumurtayı suyla çırpın ve turtanın üstünü yumurta akı ile kaplayın.
m) Her şeyi fırında yaklaşık 50-60 dakika veya kabuğun ortasına batırılan kürdan temiz çıkana kadar pişirin.

## 75. Süper Kase Pizza

## Bileşen

- 3 patates, yıkanmış
- 6 dilim pastırma
- 1 (6,5 oz.) paket pizza kabuğu karışımı
- 1/2 C. su
- 1/4 C. zeytinyağı
- 1 Yemek kaşığı tereyağı, eritilmiş
- 1/4 çay kaşığı sarımsak tozu
- 1/4 çay kaşığı kurutulmuş İtalyan baharatı
- 1/2 C. ekşi krema
- 1/2 C. Çiftlik sosu
- 3 yeşil soğan, doğranmış
- 1 1/2 C. rendelenmiş mozzarella peyniri
- 1/2 C. rendelenmiş kaşar peyniri

## Talimatlar

a) Başka bir şey yapmadan önce fırınınızı 450 derece F'ye ayarlayın.
b) Patatesleri çatal yardımıyla birkaç yerinden delin ve fırın tepsisine dizin.
c) Her şeyi fırında yaklaşık 50-60 dakika pişirin.
d) Her şeyi fırından çıkarın ve soğutun, ardından soyun.
e) Büyük bir tavayı orta-yüksek ateşte ısıtın ve pastırmayı yaklaşık 10 dakika pişirin.
f) Pastırmayı boşaltmak için kağıt havluyla kaplı bir tabağa aktarın ve ardından ufalayın.
g) Şimdi fırını 400 derece F'ye ayarlayın ve pizza tavasını hafifçe yağlayın.
h) Büyük bir kapta, pizza kabuğu karışımını, yağı ve suyu ekleyin ve iyice birleşene kadar çatalla karıştırın.
i) Hamuru hafifçe unlanmış bir yüzeye koyun ve yaklaşık 8 dakika yoğurun.
j) Yaklaşık 5 dakika kadar kenarda bekletin.

k) Hamuru düz bir daire şeklinde şekillendirin ve hazırlanan pizza tavasına hamurun kenardan hafifçe sarkmasını sağlayacak şekilde yerleştirin.
l) Her şeyi fırında yaklaşık 5-6 dakika pişirin.
m) Büyük bir kapta patatesleri, tereyağını, sarımsak tozunu ve İtalyan baharatlarını karıştırın.
n) Küçük bir kapta ekşi krema ve ranch sosunu karıştırın.
o) Ekşi krema karışımını kabuğun üzerine eşit şekilde yerleştirin ve üzerine patates karışımını, ardından pastırma, soğan, mozzarella peyniri ve Çedar peynirini ekleyin.
p) Her şeyi fırında yaklaşık 15-20 dakika pişirin.

## 76. Gözleme Pizzası

## Bileşen

- 1 Yemek kaşığı zeytinyağı
- 6 crimini mantarı, dilimlenmiş
- 3 diş sarımsak, doğranmış
- 1 tutam tuz ve çekilmiş karabiber
- 1 Yemek kaşığı zeytinyağı
- 8 adet taze kuşkonmaz, kesilmiş ve 2 inçlik parçalar halinde kesilmiş
- 1/2 lb. Applewood füme pastırma, 2 inçlik parçalar halinde kesilmiş
- 1 (12 inç) hazırlanmış gözleme pizza kabuğu
- 3/4 C. hazırlanmış marinara sosu
- 1/2 C. rendelenmiş mozzarella peyniri
- 1/2 C. rendelenmiş Asiago peyniri

## Talimatlar

a) Başka bir şey yapmadan önce fırınınızı 400 derece F'ye ayarlayın ve bir fırın tepsisini folyo ile kaplayın.
b) Geniş bir tavada 1 yemek kaşığı yağı orta ateşte ısıtın ve mantarları, sarımsağı, tuzu ve karabiberi 10 dakika kadar soteleyin.
c) Her şeyi ocaktan alın ve bir kenara koyun.
d) Başka bir büyük tavada 1 yemek kaşığı yağı orta-yüksek ateşte ısıtın ve kuşkonmazı ara sıra karıştırarak yaklaşık 8 dakika pişirin.
e) Kuşkonmazı bir kaseye aktarın.
f) Isıyı orta dereceye düşürün ve aynı tavada pastırmayı yaklaşık 10 dakika pişirin.
g) Pastırmayı boşaltmak için kağıt havluyla kaplı bir tabağa aktarın.
h) Gözleme kabuğunu hazırlanan fırın tepsisine yerleştirin.
i) Marinara sosunu kabuğun üzerine eşit şekilde yerleştirin, ardından mantar karışımı, kuşkonmaz, domuz pastırması, mozzarella peyniri ve Asiago peyniri ekleyin.
j) Her şeyi fırında yaklaşık 12-15 dakika pişirin.

## 77. Sabah Erken Pizza

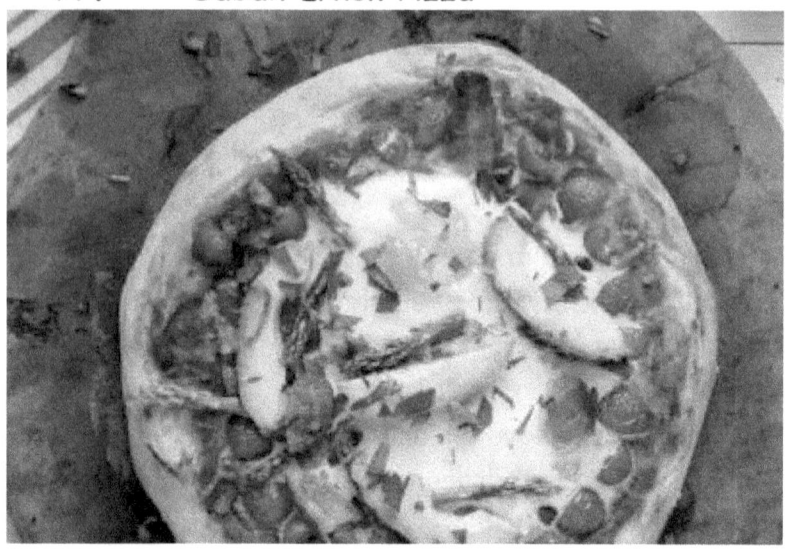

## Bileşen

- 1 lb. öğütülmüş domuz sosisi
- 1 (8 oz.) paket soğutulmuş hilal rulo hamuru veya gerektiği gibi
- 8 oz. hafif Çedar peyniri, rendelenmiş
- 6 yumurta
- 1/2 C. süt
- 1/2 çay kaşığı tuz
- tatmak için öğütülmüş karabiber

## Talimatlar

a) Başka bir şey yapmadan önce fırınınızı 425 derece F'ye ayarlayın.
b) Büyük bir tavayı orta ateşte ısıtın ve eti tamamen kızarana kadar pişirin.
c) Fazla yağı tavadan boşaltın.
d) Hilal rulo hamurunu yağlanmış 13x9 inçlik bir pişirme kabına yerleştirin.
e) Hilal şeklinde rulo hamurun üzerine sucuk ve kaşar peynirini eşit şekilde yerleştirin.
f) Plastik ambalajla pişirme kabını örtün ve yaklaşık 8 saatten bir geceye kadar buzdolabında saklayın.
g) Fırınınızı 350 derece F'ye ayarlayın.
h) Bir kaseye yumurta, süt, tuz ve karabiberi ekleyip iyice çırpın.
i) Yumurta karışımını fırın tepsisindeki sosis ve peynirin üzerine eşit şekilde yerleştirin.
j) Pişirme kabını bir miktar folyo ile örtün ve her şeyi fırında yaklaşık 20 dakika pişirin.
k) Şimdi devam etmeden önce fırını 325 derece F'ye ayarlayın.
l) Pişirme kabını açın ve her şeyi fırında 15-25 dakika kadar pişirin.

## 78. Arka Yol Pizzası

## Bileşen
- 1 lb. kıyma
- 1 konserve yoğunlaştırılmış kremalı mantar çorbası, seyreltilmemiş
- 1 (12 inç) önceden pişirilmiş ince pizza kabuğu
- 1 (8 oz.) paket rendelenmiş Çedar peyniri

## Talimatlar
a) Başka bir şey yapmadan önce fırınınızı 425 derece F'ye ayarlayın.
b) Büyük bir tavayı orta ateşte ısıtın ve eti tamamen kızarana kadar pişirin.
c) Fazla yağı tavadan boşaltın.
d) Kremalı mantar çorbasını pizza kabuğunun üzerine eşit şekilde yerleştirin ve üzerine pişmiş sığır etini ve ardından peyniri ekleyin.
e) Her şeyi fırında yaklaşık 15 dakika pişirin.

79. Çocuklara Uygun Pizzalar

**Bileşen**
- 1 lb. kıyma
- 1 lb. taze, öğütülmüş domuz sosisi
- 1 soğan, doğranmış
- 10 oz. işlenmiş Amerikan peyniri, küp şeklinde
- 32 oz. kokteyl çavdar ekmeği

**Talimatlar**
a) Başka bir şey yapmadan önce fırınınızı 350 derece F'ye ayarlayın.
b) Büyük bir tavayı ısıtın ve sosisleri ve sığır etini tamamen kızarana kadar pişirin.
c) Soğanı ekleyin ve yumuşayana kadar pişirin ve fazla yağı tavadan boşaltın.
d) İşlenmiş peynirli yemeği karıştırın ve peynir eriyene kadar pişirin.
e) Bir kurabiye tepsisine ekmek dilimlerini yerleştirin ve her dilimin üzerine bir kaşık dolusu sığır eti karışımından koyun.
f) Her şeyi fırında yaklaşık 12-15 dakika pişirin.

## 80. Pensilvanya Usulü Pizza

## Bileşen
- 1 (1 lb.) somun dondurulmuş tam buğday ekmeği hamuru, çözülmüş
- 1/2 C. bin ada sosu
- 2 C. rendelenmiş İsviçre peyniri
- 6 oz. Şarküteri dilimlenmiş konserve sığır eti, şeritler halinde kesilmiş
- 1 C. lahana turşusu - durulanmış ve süzülmüş
- 1/2 çay kaşığı kimyon tohumu
- 1/4 C. kıyılmış dereotu turşusu (isteğe bağlı)

## Talimatlar
a) Başka bir şey yapmadan önce fırınınızı 375 F'ye ayarlayın ve pizza tavasını yağlayın.
b) Hafifçe unlanmış bir yüzeyde, ekmek hamurunu yaklaşık 14 inç çapında büyük bir daireye yuvarlayın.
c) Hamuru hazırlanan pizza tepsisine yerleştirin ve kenarlarını sıkıştırın.
d) Her şeyi fırında yaklaşık 20-25 dakika pişirin.
e) Her şeyi fırından çıkarın ve üzerine salata sosunun yarısını eşit şekilde koyun, ardından İsviçre peynirinin yarısını, konserve sığır etini, kalan salata sosunu, lahana turşusunu ve kalan İsviçre peynirini ekleyin.
f) Kimyon tohumlarını eşit şekilde üstüne serpin.
g) Her şeyi fırında yaklaşık 10 dakika pişirin.
h) Fırından her şeyi çıkarın ve üzerine doğranmış turşuyu ekleyin.

## 81. Ayran Pizzası

**Bileşen**
- 1 lb. kıyma
- 1/4 lb. dilimlenmiş biberli sosis
- 1 (14 oz.) kutu pizza sosu
- 2 (12 oz.) paket soğutulmuş ayran bisküvi hamuru
- 1/2 soğan, dilimlenmiş ve halkalara ayrılmış
- 1 (10 oz.) kutu dilimlenmiş siyah zeytin
- 1 (4,5 oz.) dilimlenmiş mantar konservesi
- 1 1/2 C. rendelenmiş mozzarella peyniri
- 1 C. rendelenmiş kaşar peyniri

**Talimatlar**

a) Başka bir şey yapmadan önce fırınınızı 400 derece F'ye ayarlayın ve 13x9 inçlik bir pişirme kabını yağlayın.
b) Büyük bir tavayı orta-yüksek ateşte ısıtın ve eti tamamen kızarana kadar pişirin.
c) Biberleri ekleyin ve kızarıncaya kadar pişirin ve tavadaki fazla yağı boşaltın.
d) Pizza sosunu karıştırın ve her şeyi ocaktan alın.
e) Her bisküviyi dörde bölün ve hazırlanan fırın kabına dizin.
f) Sığır eti karışımını bisküvilerin üzerine eşit şekilde yerleştirin ve üzerine soğan, zeytin ve mantarları ekleyin.
g) Her şeyi fırında yaklaşık 20-25 dakika pişirin.

## 82. Worcestershire Pizzası

## Bileşen

- 1/2 lb. yağsız kıyma
- 1/2 C. doğranmış biberli
- 1 1/4 C. pizza sosu
- 1 C. ufalanmış beyaz peynir
- 1/2 çay kaşığı Worcestershire sosu
- 1/2 çay kaşığı acı biber sosu
- tatmak için tuz ve öğütülmüş karabiber
- pişirme spreyi
- 1 (10 oz.) kutu buzdolabında soğutulmuş bisküvi hamuru
- 1 yumurta sarısı
- 1 C. rendelenmiş mozzarella peyniri

## Talimatlar

a) Başka bir şey yapmadan önce fırınınızı 375 derece F'ye ayarlayın ve bir kurabiye tepsisini yağlayın.

b) Büyük bir tavayı orta-yüksek ateşte ısıtın ve eti tamamen kızarana kadar pişirin.

c) Fazla yağı tavadan boşaltın ve ısıyı orta seviyeye düşürün.

d) Pizza sosu, pepperoni, beyaz peynir, acı biber sosu, Worcestershire sosu, tuz ve karabiberi ilave edip yaklaşık 1 dakika karıştırarak kızartın.

e) Bisküvileri ayırın ve hazırlanan kurabiye kağıdına yaklaşık 3 inç aralıklarla yerleştirin.

f) Bir bardağın alt kısmıyla, dış kenarın etrafında 1/2-inç kenarlı 4-inçlik yuvarlak bir bisküvi oluşturmak için her bir bisküviye bastırın.

g) Küçük bir kaseye yumurta sarısını ve 1/4 çay kaşığı suyu ekleyip iyice çırpın.

h) Her bisküvi kabına yaklaşık 1/4 C sığır eti karışımı koyun ve üzerine mozzarella peyniri ekleyin.

i) Her şeyi fırında yaklaşık 15-20 dakika pişirin.

83. Barbekü Dana Pizza

**Bileşen**
- 1 (12 oz.) paket Sığır Sosis, 1/4-inç dilimler halinde kesilmiş.
- 2 (14 oz.) paket 12 inç boyutunda İtalyan pizza kabuğu
- 2/3 C. hazırlanmış barbekü sosu
- 1 C. ince dilimlenmiş kırmızı soğan
- 1 yeşil dolmalık biber, çekirdekleri çıkarılmış, ince şeritler halinde kesilmiş
- 2 C. rendelenmiş mozzarella peyniri

**Talimatlar**

a) Başka bir şey yapmadan önce fırınınızı 425 derece F'ye ayarlayın.
b) Pizza kabuklarını 2 fırın tepsisine yerleştirin.
c) Barbekü sosunu her bir kabuğun üzerine eşit şekilde sürün, ardından sosis, kırmızı soğan, biber ve mozzarella peynirini ekleyin.
d) Her şeyi fırında yaklaşık 20 dakika pişirin.

## 84. Pizza Rigatoni

## Bileşen
- 1 1/2 lb. kıyma
- 1 (8 oz.) paket rigatoni makarnası
- 1 (16 oz.) paket rendelenmiş mozzarella peyniri
- 1 kutu yoğunlaştırılmış kremalı domates çorbası
- 2 (14 oz.) kavanoz pizza sosu
- 1 (8 oz.) paket dilimlenmiş biberli sosis

## Talimatlar
a) Büyük bir tencerede hafif tuzlu kaynar suda makarnaları 8-10 dakika kadar pişirin.
b) İyice süzün ve bir kenarda bekletin.
c) Bu arada büyük bir tavayı orta-yüksek ateşte ısıtın ve eti tamamen kızarana kadar pişirin.
d) Fazla yağı tavadan boşaltın.
e) Yavaş pişiriciye sığır etini, ardından makarnayı, peyniri, çorbayı, sosu ve biberli sosisi koyun.
f) Yavaş pişiriciyi Düşük ayara getirin ve kapağı kapalı olarak yaklaşık 4 saat pişirin.

## 85. Meksika Usulü Pizza

## Bileşen

- 1 lb. kıyma
- 1 soğan, doğranmış
- 2 orta boy domates, doğranmış
- 1/2 çay kaşığı tuz ve 1/4 çay kaşığı karabiber
- 2 çay kaşığı pul biber ve 1 yemek kaşığı kimyon
- 1 (30 oz.) yeniden kızartılmış fasulye konservesi
- 14 (12 inç) un ekmeği
- 2 C. ekşi krema
- 1 1/4 lb. rendelenmiş Colby peyniri
- 1 1/2 lb. rendelenmiş Monterey Jack peyniri
- 2 adet kırmızı biber, çekirdekleri çıkarılmış ve ince dilimlenmiş
- 4 adet yeşil biber, çekirdekleri çıkarılmış ve ince dilimlenmiş
- 1 (7 oz.) doğranmış yeşil biber, suyu süzülmüş ve 3 domates, doğranmış
- 1 1/2 C. kıyılmış pişmiş tavuk eti
- 1/4 C. tereyağı, eritilmiş
- 1 (16 oz.) kavanoz picante sosu

## Talimatlar

a) Başka bir şey yapmadan önce fırınınızı 350 derece F'ye ayarlayın ve 15x10 inçlik jöleli tavayı yağlayın.
b) Büyük bir tavayı orta ateşte ısıtın ve eti tamamen kızarana kadar pişirin.
c) Fazla yağı tavadan boşaltın.
d) Soğanı ve 2 domatesi ekleyip yumuşayana kadar pişirin.
e) Kızartılmış fasulyeleri, toz biberi, kimyonu, tuzu ve karabiberi ilave edip tamamen ısınana kadar pişirin.
f) Ekmeğin 6'sını hazırlanan tavaya, kenarları tavanın kenarlarına iyice gelecek şekilde yerleştirin.

g) Fasulye karışımını tortillaların üzerine eşit şekilde dağıtın, ardından ekşi kremanın yarısını, Colby peynirinin 1/3'ünü, Monterey Jack peynirinin 1/3'ünü, 1 yemek kaşığı yeşil biberi, yeşil biber şeritlerinin 1/3'ünü, ve kırmızı biber şeritlerinin 1/3'ü ve doğranmış domatesin 1/3'ü.

h) Topakların üzerine 4 tortilla koyun ve üzerine kalan ekşi kremayı, ardından kıyılmış tavuğu, peynirlerin 1/3'ünü, kırmızı ve yeşil dolmalık biberleri, kırmızı biberleri ve domatesleri ekleyin.

i) Şimdi 4 tortillayı, ardından kalan peynirleri, biberleri, domatesleri, kırmızı biberleri yerleştirin ve üstüne rendelenmiş peynirin bir kısmını ekleyin.

j) Sarkan kenarları içe doğru katlayın ve kürdanlarla sabitleyin.

k) Tortilla yüzeylerini eritilmiş tereyağıyla fırçalayın.

l) Her şeyi fırında yaklaşık 35-45 dakika pişirin.

m) Kürdanları çıkarın ve dilimlemeden önce en az 5 dakika bekletin.

n) Üzerine picante sosunu ekleyerek servis yapın.

## 86. Akdeniz Pizza

## Bileşen

- 2 adet domates, çekirdekleri çıkarılmış ve iri doğranmış
- 1 çay kaşığı tuz
- 8 oz. rendelenmiş mozarella peyniri
- 1 kırmızı soğan, iri doğranmış
- 1/4 C. doğranmış taze fesleğen
- 1/2 çay kaşığı öğütülmüş karabiber
- 2 yemek kaşığı zeytinyağı
- 3 adet taze jalapeno biber, doğranmış
- 1/2 C. dilimlenmiş siyah zeytin
- 1/2 C. dilimlenmiş taze mantar
- 1/2 C. pizza sosu
- 2 (12 inç) önceden pişirilmiş pizza kabuğu
- 8 oz. rendelenmiş mozarella peyniri
- 1/4 C. rendelenmiş Parmesan peyniri

## Talimatlar

a) Fırınınızı 450 derece F'ye ayarlayın.
b) Bir süzgeç içine domatesleri ekleyin ve tuzu eşit şekilde serpin.
c) Süzülmesi için her şeyi yaklaşık 15 dakika lavaboda tutun.
d) Büyük bir kapta 8 oz'u karıştırın. mozzarella peyniri, süzülmüş domates, mantar, zeytin, soğan, jalapeno biberi, fesleğen ve yağ.
e) Domates sosunu her iki kabuğun üzerine eşit şekilde yerleştirin ve üzerine domates karışımını, ardından kalan mozzarella ve Parmesan peynirini ekleyin.
f) Her şeyi fırında yaklaşık 8-10 dakika pişirin.

**87.    Tüm Biber ve Soğanlı Pizza**

**Bileşen**
- 8 oz. öğütülmüş domuz sosisi
- 5 yumurta, hafifçe çırpılmış
- 1 (12 inç) hazırlanmış pizza kabuğu
- 1 C. ricotta peyniri
- 1/4 C. doğranmış kırmızı soğan
- 1/4 C. doğranmış taze domates
- 1/4 C. doğranmış kırmızı dolmalık biber
- 1/4 C. doğranmış yeşil dolmalık biber
- 8 oz. rendelenmiş mozarella peyniri

**Talimatlar**
a) Başka bir şey yapmadan önce fırınınızı 375 derece F'ye ayarlayın.
b) Büyük bir tavayı orta-yüksek ateşte ısıtın ve sosisleri tamamen kızarana kadar pişirin.
c) Tavadaki fazla yağı boşaltın ve yumurtaları ekleyin, ardından yumurtalar tamamen pişene kadar pişirin.
d) Pizza kabuğunu bir pizza tavasına yerleştirin ve üzerine ricotta peynirini dış kenarları kalacak şekilde yerleştirin.
e) Sosis karışımını ricotta peyniri, ardından soğan, domates, kırmızı biber, yeşil biber ve mozzarella peyniri üzerine yerleştirin.
f) Her şeyi fırında yaklaşık 15 dakika pişirin.

## 88. Pizzayı seviyorum

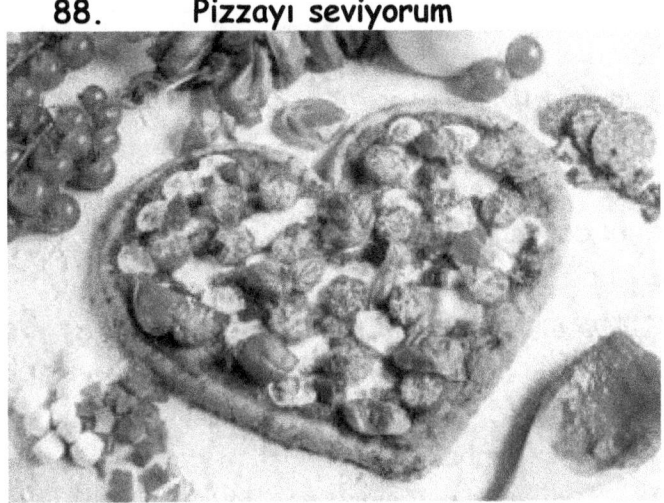

## Bileşen

- 3 C. ekmek unu
- 1 (0,25 oz.) zarf aktif kuru maya
- 1 1/4 C. ılık su
- 3 yemek kaşığı sızma zeytinyağı, bölünmüş
- 3 yemek kaşığı doğranmış taze biberiye
- 1 (14 oz.) kutu pizza sosu
- 3 C. rendelenmiş mozzarella peyniri
- 2 adet olgun domates, dilimlenmiş
- 1 kabak, dilimlenmiş
- 15 dilim vejetaryen pepperoni
- 1 (2,25 oz.) kutu dilimlenmiş siyah zeytin

## Talimatlar

a) Ekmek makinesinde un, maya, su ve 2 yemek kaşığı zeytinyağını üreticinin önerdiği sıraya göre ekleyin.
b) Hamur ayarını seçin ve Başlat'a basın.
c) Döngü tamamlandığında biberiyeyi hamura yoğurun.
d) Fırınınızı 400 derece F'ye ayarlayın.
e) Hamuru üç eşit büyüklükte parçaya bölün.
f) Her hamur parçasını yaklaşık 1/2-inç kalınlığında bir kalp şeklinde şekillendirin ve her bir parçayı kalan zeytinyağıyla kaplayın.
g) Her bir pizzanın üzerine ince bir tabaka pizza sosunu eşit şekilde yayın ve üzerine peyniri, ardından domates, kabak, sucuk ve zeytinleri ekleyin.
h) Her şeyi fırında yaklaşık 15-20 dakika pişirin.

## 89. Patates Tofu Pizza

## Bileşen

- 4 patates, doğranmış
- 1 orta boy soğan, rendelenmiş
- 2 yumurta, dövülmüş
- 1/4 C. çok amaçlı un
- 2 yemek kaşığı zeytinyağı
- 1 kabak, ince dilimlenmiş
- 1 sarı kabak, ince dilimlenmiş
- 1 yeşil dolmalık biber, doğranmış
- 1 soğan, ince dilimlenmiş
- 2 diş sarımsak, kıyılmış
- 6 oz. sert tofu, ufalanmış
- 2 domates, dilimlenmiş
- 2 Yemek kaşığı doğranmış taze fesleğen
- 1/2 C. domates sosu
- 1 C. rendelenmiş yağsız mozzarella peyniri

## Talimatlar

a) Başka bir şey yapmadan önce fırınınızı 425 derece F'ye ayarlayın ve 12 inçlik bir pişirme kabını yağlayın.
b) Geniş bir kapta rendelenmiş soğanı, patatesi, unu ve yumurtayı karıştırın ve karışımı hazırlanan pişirme kabına hafifçe bastırarak yerleştirin.
c) Her şeyi fırında yaklaşık 15 dakika pişirin.
d) Patates kabuğunun üstünü yağla kaplayın ve her şeyi fırında yaklaşık 10 dakika pişirin.
e) Şimdi kabuğunu piliç altına yerleştirin ve yaklaşık 3 dakika pişirin.
f) Kabuğu fırından çıkarın.
g) Devam etmeden önce fırını tekrar 425 derece F'ye ayarlayın.
h) Büyük bir kapta tofu, yeşil biber, sarı kabak, kabak, dilimlenmiş soğan ve sarımsağı karıştırın.

i) Büyük yapışmaz tavayı ısıtın ve tofu karışımını sebzeler yumuşayana kadar soteleyin.
j) Küçük bir kapta fesleğen ve domates sosunu karıştırın.
k) Domates sosunun yarısını kabuğun üzerine eşit şekilde yerleştirin ve üzerine pişmiş sebzeleri ve domates dilimlerini ekleyin.
l) Kalan sosu üzerine eşit şekilde yayın ve üzerine peynir serpin.
m) Her şeyi fırında yaklaşık 7 dakika pişirin.

## 90. Yunan Pizza

## Bileşen

- 1 Yemek kaşığı zeytinyağı
- 1/2 C. doğranmış soğan
- 2 diş sarımsak, kıyılmış
- 1/2 (10 oz.) paket dondurulmuş doğranmış ıspanak, çözülmüş ve kuru olarak sıkılmış
- 1/4 C. doğranmış taze fesleğen
- 2 1/4 çay kaşığı limon suyu
- 1 1/2 çay kaşığı kurutulmuş kekik
- tatmak için öğütülmüş karabiber
- 1 (14 oz.) paket soğutulmuş pizza kabuğu
- 1 Yemek kaşığı zeytinyağı
- 1 C. rendelenmiş mozzarella peyniri
- 1 büyük domates, ince dilimlenmiş
- 1/3 C. terbiyeli ekmek kırıntıları
- 1 C. rendelenmiş mozzarella peyniri
- 3/4 C. ufalanmış beyaz peynir

## Talimatlar

a) Başka bir şey yapmadan önce fırınınızı 400 derece F'ye ayarlayın.
b) Geniş bir tavada 1 yemek kaşığı yağı ısıtın ve soğan ve sarımsağı yaklaşık 5 dakika soteleyin.
c) Ispanağı ekleyin ve yaklaşık 5-7 dakika pişirin.
d) Her şeyi ocaktan alın ve hemen kekik, fesleğen, limon suyu ve biberi ekleyip karıştırın ve hafifçe soğuması için bir kenarda bekletin.
e) Pizza hamurunu geniş bir fırın tepsisine açın ve kalan 1 yemek kaşığı zeytinyağıyla her şeyi kaplayın.
f) Ispanaklı karışımı hamurun üzerine kenarlarda küçük bir kenar kalacak şekilde yerleştirin.
g) Ispanakların üzerine 1 bardak mozzarella peynirini yerleştirin.

h) Bir kapta ekmek kırıntılarını ve domates dilimlerini tamamen kaplanana kadar karıştırın.
i) Domates dilimlerini mozzarella peynirinin üzerine, kalan 1 C. mozzarella peyniri ve beyaz peynirin üzerine yerleştirin.
j) Her şeyi fırında yaklaşık 15 dakika pişirin.

## 91. Pizza Salatası

**Bileşen**
**Kabuk**
- 1 3/4 C. çok amaçlı un
- 1 zarf Pizza Kabuğu Mayası
- 1 1/2 çay kaşığı şeker
- 3/4 çay kaşığı tuz
- 2/3 C. çok ılık su
- 3 yemek kaşığı sızma zeytinyağı

**Topingler**
- 1 Yemek kaşığı sızma zeytinyağı
- 1/4 çay kaşığı Sarımsak Tozu
- 2 C. rendelenmiş mozzarella peyniri
- 1/4 C. doğranmış soğan
- 1/4 C. doğranmış veya ince dilimlenmiş havuç
- 4 C. doğranmış marul
- 1 C. doğranmış taze domates
- 1/4 C. hazırlanmış İtalyan salata sosu
- 1/4 C. rendelenmiş Parmesan peyniri

**Talimatlar**
a) Başka bir şey yapmadan önce fırınınızı 425 derece F'ye ayarlayın ve rafı fırının alt üçte birlik kısmına yerleştirin.
b) Bir pizza tavasını yağlayın.
c) Hamuru için geniş bir kapta un, şeker, maya, yağ ve ılık suyu ekleyip iyice birleşene kadar karıştırın.
d) Yavaş yavaş kalan unu ekleyin ve hafif ele yapışan bir hamur oluşana kadar karıştırın.
e) Hamuru unlu bir yüzeye koyun ve elastik hale gelinceye kadar yoğurun.
f) Hamuru hazırlanan pizza tavasına yerleştirin ve bastırın.
g) Kenarları parmaklarınızla sıkıştırarak jantı oluşturun.
h) Kabuğu 1 yemek kaşığı yağla kaplayın ve üzerine sarımsak tozu serpin.
i) Bir kapta havuç, soğan ve mozzarella peynirini karıştırın.

j) Kabuğun üzerine havuç karışımını eşit şekilde dökün ve her şeyi fırında 15-18 dakika kadar pişirin.
k) Bu arada geri kalanını bir kapta karıştırın.
l) Her şeyi fırından çıkarın ve yaklaşık 2-3 dakika soğumaya bırakın.
m) Pizzanın üzerine Parmesan peyniri karışımını ekleyin ve hemen servis yapın.

## 92. Tatlı Pizza

## Bileşen

- 1 1/2 C. çok amaçlı un
- 2 çay kaşığı karbonat
- 1 çay kaşığı tuz
- 2 1/3 C. yulaf ezmesi
- 1 C. tereyağı
- 1 1/2 C. paketlenmiş esmer şeker
- 2 yumurta
- 1/2 çay kaşığı vanilya özü
- 1 1/2 C. kıyılmış hindistan cevizi
- 2 C. yarı tatlı çikolata parçaları
- 1/2 C. kıyılmış ceviz
- 1 C. şeker kaplı çikolata parçaları
- 1 C. fıstık

## Talimatlar

a) Başka bir şey yapmadan önce fırınınızı 350 derece F'ye ayarlayın ve 2 (10 inç) pizza tavasını yağlayın.
b) Büyük bir kapta un, kabartma tozu ve tuzu birlikte karıştırın.
c) Başka bir kapta tereyağını, yumurtaları, esmer şekeri ve vanilyayı ekleyip pürüzsüz hale gelinceye kadar çırpın.
d) Un karışımını tereyağı karışımına ekleyin ve her şey iyice birleşene kadar karıştırın.
e) Fındıkları ve 1/2 C. Hindistan cevizini ekleyin.
f) Hamuru 2 parçaya bölün ve her parçayı hazırlanan pizza tavasına yerleştirin ve her şeyi 10 inçlik dairelere bastırın.
g) Her şeyi fırında yaklaşık 10 dakika pişirin.
h) Fırından her şeyi çıkarın ve kalan hindistancevizi, çikolata parçacıkları, şekerler ve fıstıklarla doldurun.
i) Her şeyi fırında yaklaşık 5-10 dakika pişirin.

## 93. Piknik Mini Pizzaları

**Bileşen**
- 1/2 lb. öğütülmüş İtalyan sosisi
- 1/2 çay kaşığı sarımsak tuzu
- 1/4 çay kaşığı kurutulmuş kekik
- 1 C. ezilmiş ananas, suyu süzülmüş
- 4 İngiliz çöreği, bölünmüş
- 1 (6 oz.) kutu domates salçası
- 1 (8 oz.) paket rendelenmiş mozzarella peyniri

**Talimatlar**

a) Başka bir şey yapmadan önce fırınınızı 350 derece F'ye ayarlayın ve bir fırın tepsisini hafifçe yağlayın.

b) Büyük bir tavayı orta-yüksek ateşte ısıtın ve İtalyan sosisini tamamen kızarana kadar pişirin.

c) Fazla yağı boşaltın ve sosisleri bir kaseye aktarın.

d) Ananas, sarımsak, kekik ve tuzu ekleyip iyice karıştırın.

e) İngiliz çöreği yarımlarını hazırlanan fırın tepsisine tek kat halinde yerleştirin.

f) Muffinlerin üzerine domates sosunu sürün ve üzerine sosis karışımı ve mozzarella peyniri ekleyin.

g) Her şeyi fırında yaklaşık 10-15 dakika pişirin.

## 94. Tropikal Cevizli Pizza

## Bileşen
- 1 adet hazır pizza hamuru
- 1 Yemek kaşığı zeytinyağı
- 1 (13,5 oz.) kap meyve aromalı krem peynir
- 1 (26 oz.) kavanoz mango dilimleri, süzülmüş ve doğranmış
- 1/2 C. kıyılmış ceviz

## Talimatlar
a) Pizza hamurunu paketin üzerindeki tarife göre fırında pişirin.
b) Kabuğu eşit şekilde yağla kaplayın.
c) Krem peyniri kabuğun üzerine sürün ve üzerine doğranmış mango ve fındıkları ekleyin.
d) İstenilen dilime kesilip servis edilir.

## 95. Kızılcık Tavuklu Pizza

### Bileşen

- 2 derisiz, kemiksiz yarım tavuk göğsü, ısırık büyüklüğünde parçalar halinde kesilmiş
- 1 Yemek kaşığı bitkisel yağ
- 1 (12 inç) hazırlanmış pizza kabuğu
- 1 1/2 C. kızılcık sosu
- 6 oz. Brie peyniri, doğranmış
- 8 oz. rendelenmiş mozarella peyniri

### Talimatlar

a) Fırınınızı 350 derece F'ye ayarlayın
b) Bir tavada yağı ısıtın ve tavukları tamamen pişene kadar karıştırarak kızartın.
c) Kızılcık sosunu hazırlanan pizza kabuğunun üzerine sürün ve üzerine tavuğu, ardından brie ve mozzarella peynirini ekleyin.
d) Her şeyi fırında yaklaşık 20 dakika pişirin.

## 96. Tatlı ve Tuzlu Pizza

## Bileşen

- 1 C. ılık su
- 1 (0,25 oz.) zarf aktif kuru maya
- 3 C. çok amaçlı un
- 1 çay kaşığı bitkisel yağ
- 1 çay kaşığı tuz
- 8 adet kuru incir
- 1 orta boy kırmızı soğan, ince dilimlenmiş
- 1 Yemek kaşığı zeytinyağı
- 1 tutam tuz
- 1 çay kaşığı kurutulmuş kekik
- 1 çay kaşığı rezene tohumu
- 115 gram. Keçi peyniri
- 1 yemek kaşığı zeytinyağı veya isteğe göre

## Talimatlar

a) Büyük bir kaseye su ekleyin ve üzerine mayayı serpin.
b) Her şeyi birkaç dakika veya tamamen çözülene kadar bir kenara bırakın.
c) Unu, tuzu ve yağı ekleyip sert bir hamur oluşana kadar karıştırın.
d) Hamuru unlu bir yüzeye koyun ve yaklaşık 5 dakika yoğurun.
e) Hamuru yağlanmış bir kaba aktarın ve üzerini mutfak havlusu ile örtün.
f) Her şeyi yaklaşık 45 dakika bir kenara bırakın.
g) Bir kase kaynar suya incirleri ekleyin ve yaklaşık 10 dakika bekletin.
h) İncirlerin suyunu süzdükten sonra doğrayın.
i) Bu arada bir tavada 1 yemek kaşığı yağı orta ateşte ısıtın ve soğanları yumuşayana kadar soteleyin.
j) Isıyı en aza indirin ve tuzla baharatlayın.
k) Yaklaşık 5-10 dakika daha karıştırarak kavurun.

l) İncir, kekik ve rezene tohumlarını karıştırın ve her şeyi ocaktan alın.
m) Fırınınızı 450 derece F'ye ayarlayın ve pizza tavasını hafifçe yağlayın.
n) Pizza hamurunu yumruklayın ve 1/4 inç kalınlığında bir daireye yayın.
o) Hamuru hazırlanan pizza tavasına yerleştirin ve yüzeyi kalan zeytinyağıyla hafifçe fırçalayın.
p) İncir karışımını kabuğun üzerine eşit şekilde yayın ve her şeyin üzerine keçi peynirini nokta şeklinde dökün.
q) Her şeyi fırında yaklaşık 15-18 dakika pişirin.

## 97. Sonbahar Dijon Pizza

**Bileşen**
- 1 önceden pişirilmiş pizza kabuğu
- 2 diş sarımsak, kıyılmış
- 1 yemek kaşığı Dijon hardalı
- 2 dal taze biberiye, doğranmış
- 1/4 C. beyaz şarap sirkesi
- 1/2 C. zeytinyağı
- 1/4 C. ufalanmış mavi peynir
- tatmak için biber ve tuz
- 1/4 C. ufalanmış mavi peynir
- 1/3 C. rendelenmiş mozzarella peyniri
- 2 armut - soyulmuş, çekirdeği çıkarılmış ve dilimlenmiş
- 1/4 C. kızarmış ceviz parçaları

**Talimatlar**
a) Başka bir şey yapmadan önce fırınınızı 425 derece F'ye ayarlayın
b) Bir pizza tavasına pizza kabuğunu yerleştirin.
c) Her şeyi fırında yaklaşık 5 dakika pişirin.
d) Her şeyi fırından çıkarın ve tamamen soğuması için bir kenara koyun.
e) Bir mutfak robotuna sarımsak, biberiye Dijon hardalı ve sirkeyi ekleyin ve birleşene kadar nabız atın.
f) Motor çalışırken yavaşça yağı ekleyin ve pürüzsüz hale gelinceye kadar nabız atın.
g) Yaklaşık 1/4 C. mavi peynir, tuz ve karabiber ekleyin ve birleşene kadar nabız atın.
h) Salata sosunu pizza kabuğunun üzerine eşit şekilde yayın ve kalan mavi peyniri, ardından mozzarella peynirini serpin.
i) Armut dilimlerini ve ardından kızarmış cevizleri her şeyin üstüne koyun.
j) Her şeyi fırında yaklaşık 7-10 dakika pişirin.

## 98. Gorgonzola Tereyağlı Pizza

**Bileşen**
- 1/8 C. tereyağı
- İnce dilimlenmiş 2 büyük Vidalia soğanı
- 2 çay kaşığı şeker
- 1 (10 oz.) paket soğutulmuş pizza hamuru
- 1 lb. Gorgonzola peyniri, ufalanmış

**Talimatlar**

a) Büyük bir tavada tereyağını orta ateşte eritin ve soğanı yaklaşık 25 dakika soteleyin.
b) Şekeri ekleyip sürekli karıştırarak 1-2 dakika kadar pişirin.
c) Fırınınızı 425 derece F'ye ayarlayın ve pizza tavasını yağlayın.
d) Hamuru hazırlanan pizza tavasına yerleştirin ve istediğiniz kalınlığa kadar bastırın.
e) Soğanları kabuğun üzerine eşit şekilde yerleştirin ve ardından Gorgonzola'yı yerleştirin.
f) Her şeyi fırında yaklaşık 10-12 dakika pişirin.

99. Roka Üzümlü Pizza

## Bileşen

- 16 oz. önceden hazırlanmış pizza hamuru
- 1/2 C. Makarna Sosu
- 1/2 C. rendelenmiş tam yağlı süt mozzarella peyniri
- 1/2 C. rendelenmiş provolon peyniri
- 1/4 C. keçi peyniri, ufalanmış
- 1/4 C. çam fıstığı
- 10 kırmızı üzüm, ikiye bölünmüş
- 1/4 C. roka, ince doğranmış
- 1 Yemek kaşığı kurutulmuş biberiye yaprağı
- 1 Yemek kaşığı kurutulmuş kekik
- 1/2 çay kaşığı kurutulmuş kişniş

## Talimatlar

a) Başka bir şey yapmadan önce fırınınızı 475 derece F'ye ayarlayın ve bir fırın tepsisini yağlayın.
b) Pizza hamuru topunu hazırlanan fırın tepsisine yerleştirin ve hamurun ortasını ince bir şekilde düzleştirin.
c) Kabuğun çapı 12-14 inç olmalıdır.
d) Bir kapta makarna sosunu, rokayı, kişnişi ve kekiği karıştırın.
e) Sos karışımını hamurun üzerine eşit şekilde dağıtın.
f) Mozzarella ve provolon peynirlerini sosun üzerine eşit şekilde yerleştirin.
g) Üzümleri üstüne ekleyin, ardından biberiye, keçi peyniri ve çam fıstığını ekleyin.
h) Her şeyi fırında yaklaşık 11-14 dakika pişirin.

## 100. Fransız Usulü Pizza

## Bileşen
- 1 ince pizza kabuğu
- 2 C. kırmızı üzüm, ikiye bölünmüş
- 1/2 lb. İtalyan sosisi, kızartılmış ve ufalanmış
- 6 oz. taze keçi peyniri
- sızma zeytinyağı
- tuz ve biber

## Talimatlar
a) Başka bir şey yapmadan önce fırınınızı 450 derece F'ye ayarlayın.
b) Pizza kabuğunu bir pizza tavasına yerleştirin.
c) Kabuğu yağla fırçalayın ve üzerine tuz ve karabiber serpin.
d) Sosisleri pizza kabuğunun üzerine, ardından da üzüm ve keçi peynirini yerleştirin.
e) Her şeyi fırında yaklaşık 13-15 dakika pişirin.

## ÇÖZÜM

Dünyanın en basit ve en popüler yiyeceklerinden biri olmasına rağmen pizzayı tanımlamak garip bir şekilde zordur. Yüzyıllar süren evrim, onu en eski öncülleri olan tahıl püresinden yapılan köftelerden, bu ilk tahıllı keklerle akraba olmasına rağmen onların soyundan geldiği neredeyse tanınmayan bir yemeğe dönüştürdü. Bunlardan en önemlisi, ana malzemenin çeşitli iri tanelerden, yalnızca buğday bazlı hamura ve sonunda neredeyse yalnızca beyaz unla yapılan bir yemeğe doğru değişmesidir.

Bununla birlikte, pizza pek çok biçim almış olsa ve bileşimi, malzemeleri, baharatları, hazırlama yöntemleri ve onu yapmak için kullanılan ekipmanlar yıllar içinde radikal biçimde değişmiş olsa da, genellikle yüksek sıcaklıklarda pişirilen bir gözleme olmuştur.

www.ingramcontent.com/pod-product-compliance
Lightning Source LLC
Chambersburg PA
CBHW070652120526
44590CB00013BA/929